Bela como a Lua

CIP-BRASIL. CATALOGAÇÃO NA PUBLICAÇÃO
SINDICATO NACIONAL DOS EDITORES DE LIVROS, RJ

T789b   Trevisan, Armindo
        Bela como a lua : poemas à Virgem Maria : do século IV ao século XXI / Armindo Trevisan. – 1. ed. – Porto Alegre [RS] : AGE, 2023.
        182 p. ; 16x23 cm.

        ISBN 978-65-5863-146-0

        1. Maria, Virgem Santa – Culto. 2. Maria, Virgem Santa – Poesia. I. Título.

22-79705   CDD: 808.8142
                CDU: 82-1:27-312.47

Meri Gleice Rodrigues de Souza – Bibliotecária – CRB-7/6439

ARMINDO TREVISAN

Bela como a Lua

Poemas à Virgem Maria Do século IV ao século XXI

Tradução dos poemas de língua estrangeira:
ARMINDO TREVISAN

Editora AGE

PORTO ALEGRE, 2023

© Armindo Trevisan, 2023

Capa:
Nathalia Real,
utilizando pintura *Our Lady in a Garland of roses*,
de Giovanni Battista Salvi da Sassoferrato

Diagramação:
Nathalia Real

Supervisão editorial:
Paulo Flávio Ledur

Editoração eletrônica:
Ledur Serviços Editoriais Ltda.

Reservados todos os direitos de publicação à
LEDUR SERVIÇOS EDITORIAIS LTDA.
editoraage@editoraage.com.br
Rua Valparaíso, 285 – Bairro Jardim Botânico
90690-300 – Porto Alegre, RS, Brasil
Fone: (51) 3223-9385 | Whats: (51) 99151-0311
vendas@editoraage.com.br
www.editoraage.com.br

Impresso no Brasil / Printed in Brazil

...somente três categorias de pessoas falam com exatidão de Maria: os poetas (os verdadeiros poetas), os teólogos (também os verdadeiros), e os santos, pois a graça faz o poeta e o teólogo.

Jacques Loew
(Na Escola da Oração. 4.ed. São Paulo: Edições Paulinas, 1976. p.173)

SUMÁRIO

Convite ao leitor... 11

I PARTE

O Culto à Virgem Maria.. 13

I. INTRODUÇÃO: O culto à Virgem Maria no Ocidente e
    sua influência na emancipação feminina.......................... 13

II. ANTOLOGIA POÉTICA 23
    1. Santo Efrém..23
    2. Santo Ambrósio 24
    3. Sedúlio 25
    4. Teodoro de Ancira..26
    5. Venâncio Fortunato 27
    6. Germano de Constantinopla..27
    7. André de Creta 28
    8. Anáfora da Liturgia Etíope...29
    9. Anônimo 30
    10. Gaude Visceribus...31
    11. Regina Coeli...32

12. Salve, Salvação do Pecador 33
13. Ave, Rainha dos Céus 34
14. Oh, de qual luz 34
15. Henricus Monachus I 34
16. Henricus Monachus II 36
17. Henricus Monachus III 37
18. Hermanus Contractus 38
19. Santo Anselmo de Canterbury 39
20. Hildebert De Lavardin 40
21. Pedro Abelardo 41
22. Inviolata 42
23. Anônimo 42
24. São Bernardo de Claraval (I) 44
25. São Bernardo de Claraval (II) 45
26. São Bernardo de Claraval (III) 46
27. São Bernardo de Claraval (IV) 46
28. Hildegarde de Bingen 48
29. Anônimo 51
30. Adão de São Vitor 51
31. São Francisco de Assis 54
32. Hermann Joseph 55
33. Inocêncio III (I) 58
34. Inocêncio III (II) 59
35. Anônimo 61
36. Anônimo 62
37. Anônimo 62
38. Anônimo 65
39. Anônimo 65
40. São Boaventura (I) 65
41. São Boaventura (II) 69
42. Anônimo 70
43. Jacopone da Todi (I) 70
44. Jacopone da Todi (II) 72

45. Anônimo 75
46. Anônimo 76
47. Anônimo 78
48. Dante Alighieri 79
49. Francesco Petrarca 80
50. Gómez Manrique 86
51. Jacopo Sannazaro 87
52. Frei Luís de León (I) 89
53. Frei Luís de León (II) 90
54. Frei Luís de León (III) 91
55. Luís de Camões 92
56. Lope de Vega (I) 93
57. Lope de Vega (II) 94
58. Lope de Vega (III) 94
59. Francisco de Sá de Miranda 95
60. Pedro Calderón de La Barca 99
61. São Afonso Maria de Liguori 100
62. Dom Antônio de Macedo Costa 103
63. Gerard Manley Hopkins 104
64. Antonio Nobre 106
65. Antero de Quental 107
66. Conde Afonso Celso 108
67. Padre Antônio Tomaz 108
68. Alphonsus de Guimarães 109
69. Charles Péguy 110
70. Paul Claudel 117
71. Francisco Villaespesa 119
72. Marie Noël 120
73. Manuel Bandeira 121
74. Joana de Ibarborou 123
75. Jean-Paul Sartre 124
76. Pablo Antonio Cuadra 125
77. Thomas Merton 130

78. Cíntio Vittier...131
79. Afonso Lopes Vieira..133
80. Pedro Homem de Melo 135
81. Dom Helder Câmara...136
82. Trova Indígena..137
83. Dom Marcos Barbosa (OSB) 137
84. Adélia Prado 139
85. Armindo Trevisan 139

II PARTE
Nossa Senhora na poesia popular de Língua Portuguesa 149

III PARTE
O *Auto da Compadecida*, de Ariano Suassuna, e suas afinidades com a legenda medieval do Monge Teófilo 165

Referências 181

CONVITE AO LEITOR

A leitura de um livro assemelha-se à visita a um palácio. Para se ter uma ideia do palácio, é preciso percorrê-lo. Parar em determinadas salas, olhar para os quadros pendurados nas paredes, escutar os ruídos que povoam o silêncio do palácio, como os trinados das aves e os sussurros dos ventos.

No caso desta antologia sobre a Virgem Maria, atrevo-me a sugerir ao leitor uma seleção de livros que lhe podem ampliar a visão sobre a Mulher que mereceu, já em vida, que outra mulher (ou muitas) lhe demonstrassem ciúmes. O evangelista Lucas refere um episódio, que sempre considerei humaníssimo, e até delicioso, o da anônima que, diante da sabedoria de Jesus, fica emocionada, e exclama com típico realismo feminino:

– *Bem-aventurada aquela que te concebeu, e os seios que te amamentaram.* (Evangelho de Lucas, 11,27)

Não esqueçamos que a Virgem Maria, longe de estar fazendo a si um elogio, antes, sob a inspiração do Espírito Santo, também exclamou no seu Canto de Agradecimento, o *Magnificat*:

(...) desde agora todas as gerações me chamarão bem-aventurada, porque grandes cousas me fez o Todo-Poderoso. (Evangelho de Lucas, 1,49)

À louvação verbal dos poemas e dos textos em prosa sobre a Mãe de Deus convém acrescentar-lhes a louvação das artes visuais. Recomendo que o leitor leia, quando dispuser de tempo, os seguintes livros , os dois primeiros de minha autoria:

1) **O Rosto de Cristo** *(A formação do imaginário e da arte cristã)*. Porto Alegre, Editora AGE, 2003.
2) **Uma Viagem Através da Idade Média** *(O que a Europa deve à Idade Média)*. Porto Alegre, Editora AGE, 2014.

A essas obras, onde o leitor encontrará um número considerável de subsídios sobre a história da arte e estética relativos à Virgem Maria, junto uma obra monumental, que merece a máxima atenção dos interessados em conhecer a teologia e a espiritualidade da *Theotokos*:

3) **Dicionário de Mariologia** (dirigido por Stefano de Fiores e Salvatore Meo, com a colaboração de 73 especialistas), publicado no Brasil, em 1995, pela Editora Paulus.

Armindo Trevisan

I PARTE
O culto à Virgem Maria

I. INTRODUÇÃO
O culto à Virgem Maria no Ocidente e sua influência na emancipação feminina

1

Nos seus comentários ao *Credo*,[1] pregados aos fiéis de Nápoles em 1273, o grande Doutor da Igreja, São Tomás de Aquino, declarava: "O cristão não só deve acreditar que Cristo é o Filho de Deus, mas também que ele se fez homem".[2]

Ou seja, de acordo com as palavras do Apóstolo Paulo: "Ao chegar à plenitude dos tempos, Deus enviou seu Filho, *que nasceu de uma mulher*".[3]

Nessa frase reside o núcleo da importância de Maria, uma moça judia, nascida em Nazaré, aldeia da Galileia onde viviam aproximadamente 3.000 habitantes.

Quem poderia imaginar que tão humilde criatura se tornaria a estrela-mor da emancipação da mulher no mundo ocidental?

Sem o culto à Virgem Maria, que começou a manifestar-se nos inícios do Cristianismo, a partir dos séculos III-IV, a situação da mulher no mundo ocidental não seria provavelmente a de hoje. É legítimo sustentar

---

[1] *O Credo*. Tradução, prefácio, introdução e notas de Armindo Trevisan. Petrópolis: Editora Vozes, 2006.
[2] Ibid. p.43.
[3] Carta aos Gálatas, 4,4.

que esse culto, ancorado no dogma fundamental da mensagem evangélica – a *Encarnação do Verbo* – foi um dos fatores principais da revolução que libertou a mulher daquilo que se conhece como machismo.

A palavra *machismo*, nas últimas décadas, revestiu-se de uma das piores conotações que existem: a de desrespeito, não só ao *sex-appeal* da mulher, mas a tudo o que ela possui de especificamente feminino. Digamos, à falta de outra palavra, o machismo tenta aviltar sua personalidade.

Machismo, pois, é a mentalidade, outrora muito frequente (ainda hoje encontrável em diversas culturas), que concede aos membros masculinos da espécie o pseudodireito de explorar o corpo feminino, considerado como objeto de prazer. Permite, inclusive, desfrutá-lo pela violência.[4]

O Cristianismo jamais aderiu oficialmente à semelhante concepção de vida. Nem poderia fazê-lo, ainda que os cristãos, de um ponto de vista estritamente individual, tenham dado, ao longo da história, exemplos de conduta machista. Em determinados casos, semelhantes desvios insinuaram-se, até, em documentos da Igreja. São páginas que deslustram o Cristianismo, mas não o atingem no seu corpo doutrinal.

O Apóstolo Paulo, em algumas das suas *Cartas*, deixa transparecer infiltrações dessa mentalidade. Isso não nos obriga a associarmos a pena do escritor sagrado diretamente com o sopro do Espírito Santo. Deixemos um ponto bem claro: o sopro do Espírito é sempre puro. A palavra do Apóstolo, contudo, na medida em que é humana, depende, também, de um contexto histórico e semântico, e retém traços culturais parasitários ou, para empregarmos uma comparação, grafismos psicossociológicos, que não se relacionam com a inspiração divina.

Insistamos: o conteúdo da escrita *inspirada* é puro. Os traços do escriba podem conter aspectos imperfeitos. Vale, também aqui, o ditado: "Deus escreve direito por linhas tortas". Qualificar, pois, um autor bíblico de *inspirado* não significa privá-lo de seu temperamento individual, das influências étnicas de sua cultura.

---

[4] Se o leitor deseja obter mais esclarecimentos sobre a condição da mulher nos tempos que precederam o Cristianismo, leia: *Cartas à Minha Neta (Para ler quando for adulta)*. Porto Alegre: Editora AGE, 2007. p.75-108; p.234-235.

2

Quando o Cristianismo se implantou nas regiões vizinhas à terra natal de Jesus (que afirmou, explicitamente: *fui enviado unicamente às ovelhas perdidas da casa de Israel*[5]), a mentalidade dominante nessa parte do mundo era a do Helenismo.

Essa corrente filosófico-moral estava impregnada de mitos de divindades femininas, como o da Grande Mãe (de tradição helênica), o de Cibele, uma divindade frígia, o de Astarté, palestina, o da Ísis, egípcia, o da Diana (ou Ártemis), de Éfeso. Em certa ocasião, como consta nos *Atos dos Apóstolos*, os habitantes da cidade de Éfeso, por causa disso, chegaram a agredir o Apóstolo.[6]

Durante muito tempo, os cristãos não destacaram o papel da Virgem Maria. Ela poderia ser confundida com uma dessas deusas pagãs, induzindo os gentios a erros sobre o dogma da Encarnação de Cristo.

O próprio Apóstolo Paulo referiu-se à Virgem Maria uma única vez, na passagem por nós citada.

O primeiro Padre da Igreja a mencionar a Virgem Maria foi o Bispo Inácio de Antioquia, martirizado em Roma no ano 110 d.C. Preocupado com o Gnosticismo, heresia que considerava o corpo de Cristo simples aparência, o mártir recordou a seus irmãos que Jesus devia sua vida humana a um seio de mulher: "Jesus, sublinhou o Bispo, nasceu verdadeiramente de uma mulher, Maria, e de Deus".[7]

Já no século II, apareceram textos sobre a maternidade divina de Maria.

Justino (falecido cerca de 165 d.C.), em seu livro *Diálogo com o Judeu Trifão*, estabeleceu, pioneiramente, um paralelo entre Eva e Maria. Enquanto Eva, desobedecendo a Deus, trouxe a morte ao gênero humano, Maria, obedecendo-lhe, trouxe a vida à humanidade.[8]

---

[5] Mt 15,24.

[6] *Atos dos Apóstolos*, cap. 19.

[7] Carta aos Tralianos, 9,11. Sobre o que vimos expondo, ler: GRAEF, Hilda. *Maria. La Mariología y el Culto Mariano a través de la Historia*. Barcelona: Editorial Herder, 1968. p.41 ss.

[8] GRAEF, Hilda. Ibid. p.45-46.

Algum tempo depois, o primeiro dos grandes teólogos cristãos do Ocidente, Santo Irineu, Bispo de Lyon (177-178, falecido em 202), na sua obra *Contra os Hereges*, compara Maria com Eva, chamando-a "causa de nossa salvação".[9]

A expressão *Theotókos – Mãe de Deus –* foi usada, pela primeira vez, por Orígenes (falecido em 253 d.C.).

Do século IV (ou, talvez, do fim do século III) procede a célebre oração: "Sub tuum praesidium" (*Sob a tua proteção*), encontrada num papiro egípcio.[10]

3

Acentuemos, em especial, um fato: nesses primeiros séculos, Maria quase não é encarada como uma criatura real, de carne e osso.

Embora o Apóstolo Paulo e o Bispo Inácio de Antioquia tenham declarado que Maria era uma mulher, o receio de que os infiéis a confundissem com uma deusa fez com que a pessoa de Maria fosse envolvida por uma espécie de nuvem teológica. Sim, ela era uma mulher! Mas era uma mulher-dogma, uma mulher que fugia aos padrões ordinários, uma vez que sua gravidez não procedia de uma união sexual comum, mas de uma intervenção do Espírito Santo.

Não tardou que os evangelhos apócrifos – relatos evangélicos considerados "não canônicos", portanto excluídos do culto pela Igreja – tentassem preencher o que faltava à biografia de Maria.

Vejamos um exemplo: não se dizia nada nos Evangelhos sobre os pais da Virgem. Ora, mediante as narrativas apócrifas, que São Jerônimo qualificava de *loucuras*, os fiéis ficaram *sabendo* que sua mãe se chamava Ana, e seu pai, Joaquim. A tradição cristã acabou adotando tais nomes.

É importante mencionar aqui três grandes teólogos: o Bispo de Milão, Ambrósio, São Jerônimo (que traduziu a Bíblia para o latim, a *Vul-*

---

[9] GRAEF, Hilda. Ibid. p.48; *Dicionário de Mariologia* (tradução de Álvaro A. Cunha, Honório Dalbosco, Isabel F. L. Ferreira). São Paulo: Paulus, 1995, p.311.

[10] GRAEF, Hilda. Ibid. p.55.

gata) e Santo Agostinho, Bispo de Hipona, cidade no norte da África, na atual Argélia.

A Santo Ambrósio (339-397) atribui-se o honroso qualificativo de "Pai da Mariologia Ocidental". Foi um dos primeiros a celebrar a realidade corporal da Virgem: "A Virgem, escrevia ele, possuía carne, e esta foi transmitida ao fruto de seu ventre".[11] Devem-se a esse santo as primeiras referências aos sofrimentos de Maria no Calvário.

Jerônimo, devido aos seus profundos conhecimentos da língua hebraica, estava em melhores condições para refutar erros, em especial os referentes aos "irmãos de Jesus". De acordo com o linguajar semita, tais irmãos eram *cossobrinhos*, ou primos do Mestre.

Agostinho teve o mérito de acentuar a fé pessoal da Virgem Maria. Dizia que Maria havia sido mais Mãe de Deus por sua fé do que por sua contribuição física à natureza humana de Jesus.[12]

4

A primeira grande difusão da devoção à Virgem Maria ocorreu por ocasião do Terceiro Concílio Ecumênico do Cristianismo, que se realizou numa cidade na costa oriental da Turquia atual, às margens do Mar Egeu. O Concílio foi convocado pelo Imperador Teodósio II, o qual receava que seus súditos se dividissem em facções: uma pró-Nestório, Patriarca de Constantinopla, a outra, contrária a este. Nestório afirmava que Cristo tinha dupla personalidade: uma pessoa divina, outra pessoa humana. Maria seria mãe, apenas, do homem Jesus. Não era Mãe de Deus. A isso opôs-se Cirilo, Patriarca de Alexandria, apoiado pelo Papa Celestino I. Na primavera do ano 431, os Bispos, reunidos em Concílio Ecumênico em Éfeso (hoje Küçüc Menderes, na Turquia), rejeitaram a afirmação de Nestório, proclamando que havia, em Cristo, somente uma Pessoa, a do Filho Unigênito de Deus, e duas naturezas, uma divina e outra humana. Dado que as ações, realizadas por alguém, são atribuídas à pessoa, na sua totalidade, Maria era verdadeiramente, não só geradora

---

[11] *De Incarnationis Dominicae Sacramento*, 104. Cit. por GRAEF, Hilda. Ibid. p.84.

[12] GRAEF, Hilda. Ibid. p.98-104.

de um corpo, mas Mãe do Verbo Eterno feito Homem, consubstancial ao Pai e ao Espírito Santo.

Radiante com tal decisão, os fiéis de Éfeso levaram Cirilo, e os demais Bispos, em triunfo pelas ruas da cidade, clamando: "Louvada seja a Theotókos", isto é, "Louvada seja a Mãe de Deus".

A partir dessa data, a devoção à Virgem alcançou uma extensão universal na Igreja. Surgiram templos dedicados a ela em todas as grandes cidades.

Outro fato, ainda, merece menção: um dos Bispos do Concílio, Teodoro de Ancira (falecido entre 438 e 446), pronunciou, por esse tempo, uma homilia na qual alinhou uma série de encômios à Virgem, todos começando pela palavra grega *Khaire*, que pode ser traduzida por *Alegra-te*, ou pela expressão popular *Salve* (ou *Ave*, em suas fórmulas latinas). Lembremos nossa singela prece, a mais frequente ainda hoje: *Ave, Maria*!

Na leitura das primeiras antífonas desta coletânea, veremos o quanto tal expressão agradou aos poetas. Ela aparece, de modo singular, no *Hino Akathistos*, composto em língua grega no século VI, provavelmente pelo monge Romano o Melodioso (490-560). Esse hino está, atualmente, muito difundido no mundo ocidental, graças aos círculos carismáticos.

5

Nossa intenção, na presente antologia, não é, obviamente, oferecer um histórico da devoção à Maria, mas um florilégio da poesia dedicada a ela.

Para facilitar a compreensão de tais poemas, achamos útil deter-nos em alguns acontecimentos que influíram sobre a expressão da sensibilidade mariana.

No Ocidente (nessa época o contato teológico entre as duas metades do Cristianismo era muito intenso) não demoraram a surgir expressões comuns a ambas as tradições. O leitor poderá acompanhá-las na leitura dos poemas. São expressões, que irão multiplicar-se após o século V, quando se destaca a figura de Sedúlio (falecido aproximadamente em 450 d.C.), oriundo do sul da Gália, ou talvez nascido na Itália, considerado autor de um poema ainda hoje recitado pelos devotos da Virgem: *Salve, Sancta Parens*.

Farão companhia a esse poema outros de igual teor, entre os quais a antífona do veneziano Venâncio Fortunato (530-600), Bispo de Poitiers: *Quem Terra, Pontus, Sidera*.

Notemos, de passagem, que, no período que precede a Alta Idade Média, ou seja, até por volta dos séculos VIII-IX, não existia na Cristandade tendência a valorizar o aspecto ternura da Virgem.

Alguns autores propõem que nos fixemos em duas imagens condutoras da devoção dos fiéis (pelo menos a partir do reinado de Carlos Magno): a imagem da Rainha e Senhora, privilegiada pela Igreja Bizantina; e a imagem da Mãe, de origem germânica. A primeira seria a imagem do poder de intercessão da Virgem, a da "onipotência suplicante". A segunda, a de sua misericórdia. Ao que parece, foi um Abade do Mosteiro de Cluny, Odão (morto no ano de 942), que cunhou a expressão: "Mãe de Misericórdia", imortalizada na *Salve-Rainha*.[13]

Tais imagens irão fundir-se, nos séculos seguintes, na legenda do Monge Teófilo. Trata-se de um clérigo que teria vendido sua alma ao diabo, mediante documento assinado com o próprio sangue, em troca de um posto hierárquico na Igreja. Mais tarde, arrependido, o monge recorreu à Virgem, que forçou o demônio a entregar-lhe o documento assinado. Tal legenda aparece nos portais e nos vitrais de catedrais góticas, inclusive na Catedral de Notre-Dame, de Paris.

6

Nos séculos IX, X e XI, o culto à Virgem expandiu-se notavelmente. Mas é nos séculos posteriores, XII, XIII e XIV, ou seja, na época das grandes Catedrais Góticas do centro da Europa, que esse culto atinge seu clímax.

Já no ano 800, um monge, de nome Epifânio, escrevera uma *Vida de Maria*, na qual, pela primeira vez, fazia alusão à sua beleza física. Naturalmente, o monge seguia o modelo bizantino de beleza. Segundo esse

---

[13] GRAEF, Hilda. *Maria. La Mariología y el Culto Mariano a través de la Historia*. p.201.

modelo, a Virgem seria dotada de tez clara, cabelo louro, olhos azuis, sobrancelhas negras, rosto ovalado, mãos e dedos longos.[14]

Nos séculos seguintes, a Virgem começa a ser visualizada como criatura que realmente habitou o nosso mundo.

A culminância das celebrações litúrgicas de Maria ocorreu na época de Anselmo de Canterbury (falecido em 1109), "Pai da Escolástica". Ele e Bernardo de Claraval (falecido em 1153) foram os verdadeiros propulsores da Idade de Ouro da Mariologia.

Que teria acontecido de particular nessa época?

Algo importantíssimo: o aparecimento do *Amor Cortês*.

A denominação, proposta em 1883 por Gaston Paris, caracteriza o nascimento e a difusão das canções dos trovadores do século XII, no sul da França, mais precisamente no Languedoc. Tratava-se de poetas ambulantes, que se deslocavam de um castelo a outro, oferecendo suas composições às damas da nobreza. Alguns desses andarilhos pertenciam à nobreza. A maioria provinha de camadas baixas. Tais trovadores podem ser considerados artistas e intelectuais que viviam das benesses de seus protetores. Suas canções exaltavam a *Dama Ideal*, a quem ofereciam um amor platônico.

Nem tudo, porém, era "amor platônico" nesses assédios líricos. Não obstante: "há pouquíssimos casos em que a dama era explicitamente mulher casada. (...) quase sempre ela era inatingível, em virtude de sua alta posição ou distância física e por medo da censura social; paradoxalmente, era a própria distância dela que dava valor ao paciente sofrimento do amante.(...) O *fin'amors* (ou seja, o amor cortês) foi cada vez mais *cristianizado* em fins do século XII, quando a imagem do amante foi assimilada a um código de busca religiosa de Deus, em que as virtudes cristãs eram adquiridas através do serviço de Maria."[15]

---

[14] GRAEF, Hilda. Ibid. p.181-182.

[15] LOYN, Hanry R. (org.) *Dicionário da Idade Média*. Tradução de Álvaro Cabral e revisão técnica de Hilário Franco Júnior. Rio de Janeiro: Jorge Zahar Editor, 1990. p.21.

Não há unanimidade na análise desse fenômeno. Alguns julgam que teria ocorrido exatamente o contrário. Numa palavra: o amor cortês poderia ter nascido do culto de Maria.

A discussão persiste entre os *experts*...

O certo é que tão original e rica tradição propagou-se até a Itália, acabando por influenciar o *dolce stil nuovo* de Dante, autor da maior joia mariológica de todos os tempos, a prece que o poeta colocou nos lábios de Bernardo de Claraval, no final do Canto XXXIII do *Paraíso*, na *Divina Comédia*.

7

Após a Idade Média, o processo de *biografização* e *feminização* da Virgem assumiu novos aspectos.

Maria deixou, definitivamente, de ser uma "fada mística". Assumiu os traços de uma verdadeira mulher, dotada de sexo. Num poema litúrgico: *Ave Coeleste Lilium*, o grande místico franciscano São Boaventura escrevia:

> *Que doces são as entranhas*
> *que se tornaram leito do Senhor!*
> *Ó santíssimos mamilos*
> *que o Senhor sugou*
> *– suave leite*
> *do qual se sustentou.*[16]

O Renascimento e o Barroco chegaram por vezes a exagerar os atributos de formosura corporal da Virgem: seios descobertos, requebros de ancas, curvas voluptuosas. Poetas e artistas passaram a celebrar Maria, não apenas como modelo de beleza intrínseca – a de um "Jardim Fechado" –, mas também como modelo de beleza corporal. Nesse tipo de celebração notabilizou-se Ailredo de Rielvaux (falecido em 1160), que transfe-

---

[16] Poema incluído na presente coletânea.

riu à Virgem o código amatório feudal, do cavaleiro que rende serviço à sua castelã.[17]

A humanização – e consequente feminização – de Maria produziu um novo tema: o de suas Sete Dores. É a época dos *Prantos da Virgem*, no final do século XIV.

8

Voltemos à tese inicial: não há dúvida de que a difusão do culto à Virgem promoveu a emancipação feminina.

A celebração da Virgem, cada vez mais próxima da humanidade, cada vez mais corporal, levou a sociedade – através do imaginário – a inventar o Romantismo. O Romantismo constituiu o núcleo inicial da revalorização da mulher, uma vez que nele a mulher principiou a ser encarada como pessoa concreta, como personalidade dotada de dignidade e autonomia.

Não afirmamos que tal processo deva ser atribuído exclusivamente ao imaginário. A emancipação feminina não teria sido possível se a mulher não tivesse, nesse entretempo, conquistado espaço profissional. Em termos mais precisos: se as mulheres não tivessem afirmado, cada vez mais, sua independência econômica.

Sem o culto a Maria, é certo que a emancipação da mulher, nos termos em que se concretizou, teria sido retardada.

Foi, igualmente, o culto mariano, provavelmente, que preparou o caminho a outras conquistas do feminismo. A imagem da Virgem Maria, tanto na Poesia como nas Artes, pressionou a sociedade a passar, de uma imagem abstrata e idealizada da mulher, a uma imagem realista, com progressivo respeito às suas características sexuais e emocionais.

---

[17] GRAEF, Hilda. Ibid. p.244-245.

Os poemas da presente coletânea, traduzidos (ou adaptados aos ritmos do nosso idioma), foram selecionados para fornecerem uma ideia da temática lírica da Virgem Maria. Ela nunca deixou de inspirar os artistas. O tom, obviamente, modificou-se no decurso dos séculos, acompanhando as inovações estilísticas.

Uma fato deve ser ressaltado: a poesia, que impregna tais textos, é quase sempre de altíssima qualidade.

O modelo de todos é Dante.

Como ele, os demais poetas celebram Aquela que, em seu *Magnificat*, proferido dois mil anos atrás, numa obscura aldeia da Judeia, proclamou que todas as gerações a chamariam de *Bem-Aventurada!*

Armindo Trevisan

II. ANTOLOGIA POÉTICA

1. SANTO EFRÉM
(aproximadamente 306-373)

Foi denominado "A Harpa do Espírito Santo"

HINO

Deste à luz a tua Mãe
em outro nascimento,
o da água.

Sou também tua Irmã,
da Casa de David,
nosso pai comum.

Sou, também, tua Mãe:
eu te carreguei
no meu seio.

Também sou tua Esposa,
pois és casto.

Sou, finalmente, tua Escrava,
filha do sangue e da água,
por ti adquirida e batizada.

Sim, o Filho do Altíssimo veio a mim:
em mim tomou morada,
fazendo-me sua Mãe.

Como eu o dei à luz
num segundo nascimento,
Ele me deu à luz
num novo nascimento.

Revestiu-se
do corpo de sua mãe!
Eu me revesti
de sua Glória.[18]

2. SANTO AMBRÓSIO (340-397)

VENI, REDEMPTOR GENTIUM
(Hino sobre a Natividade do Senhor).

Vem, Redentor das Nações!
Manifesta o parto de uma Virgem!

---

[18] GRAEF, Hilda. *Maria. La Mariología y el Culto Mariano a través de la Historia*. Barcelona: Editorial Herder, 1968, p.64.

Maravilhem-se todos os séculos,
porque este é um nascimento que convém a Deus.

Sem nenhum sêmen de homem,
apenas mediante o sopro do Espírito,
o Verbo de Deus se fez carne,
e o fruto do ventre floresceu.

Intumesceram-se os seios da Virgem,
sem que nela fosse violado o pudor.
Ruflem as bandeiras das virtudes
no Templo onde reina o Senhor!

Saindo de sua câmara nupcial
e do aposento régio do pudor,
gigante de duas substâncias gêmeas,
ei-Lo: está ansioso por iniciar sua viagem.[19]

3. SEDÚLIO
(morto aproximadamente em 450 d.C.)

SALVE, SANCTA PARENS

Salve, Santa Mãe,
tu pariste o Rei
que, ao longo dos séculos,
governa os céus e a terra!

O Rei, cuja divindade
e cujo império
abarcam todas as coisas no seu círculo eterno,
que nunca terá fim.

---

[19] CAZENAVE, Michel. *Louanges à la Vierge*. Paris: Imprimerie Nationale, 1996, p.46.

Salve, ó Aquela
cujas entranhas bem-aventuradas
trouxeram as alegrias da maternidade
e as honras da virgindade.

Antes de ti,
mulher alguma foi semelhante a ti;
depois de ti,
não haverá outra.

És a única mulher
que agradou a Cristo.[20]

4. TEODORO DE ANCIRA (Bispo na Galáxia. Participou do Concílio de Éfiso, em 431 d.C.)

Deixemo-nos guiar pelas palavras de Gabriel,
cidadão do Céu, e digamos:
Salve, ó cheia de graça, o Senhor está contigo!
Repitamos com o anjo:
Salve, ó alegria por nós tão desejada!
Salve, ó júbilo da Igreja!
Salve, ó nome cheio de perfume!
Salve, ó rosto iluminado pela luz de Deus,
que difunde tanta beleza!
Salve, ó memorial todo feito de veneração!
Salve, ó véu salutar e espiritual!
Salve, ó intemerata mãe da santidade!
Salve, ó mãe tão nova,
modeladora do novo nascimento!
Salve, ó mãe repleta de mistério e inexplicável!...
Salve, ó vaso de alabastro

---
[20] GRAEF, Hilda. Ibid. p.118. Cf. REGAMEY, Pie, O. P. *Les Plus Beaux Textes sur la Vierge Marie*. Paris: Éditions du Vieux Colombier, 1946, p.61.

do unguento da santificação!
Salve, ó tu que sabes valorizar a virgindade!
Salve, modesto espaço que acolheu em si
Aquele que o mundo não pode conter.[21]

5. VENÂNCIO FORTUNATO (530-600)
Ó GLORIOSA DOMINA

Ó gloriosa Senhora,
elevada acima dos astros!
Deste, a Quem que te criou,
o leite de teu seio santificado.

Tudo de que a triste Eva nos privou,
no-lo restituíste por teu Filho.
Que os votos dos que choram
subam aos céus, ó Porta do Paraíso!

Porta sublime de nosso Rei,
umbral fulgurante de luz!
Aclamai, Nações, agora salvas,
a vida que a Virgem nos traz.[22]

6. GERMANO DE CONSTANTINOPLA
(Patriarca de Constantinopla de 715 a 730, provavelmente falecido em 736 d.C.)

Ó meu único alívio (Maria)!
Rajada divina, refrigério para a minha aridez,

---

[21] CAZENAVE, Michel. *Louanges à la Vierge*. Paris: Imprimerie Nationale, 1996, p.46.
[22] CAZENAVE, Michel. Ibid, p.48.

chuva que desce de Deus sobre o meu coração ressequido,
lâmpada resplandecente que ilumina a escuridão
da minha alma,
guia para o meu caminho,
sustento para a minha fraqueza,
veste para a minha nudez,
riqueza na minha miséria extrema,
remédio para minhas feridas incuráveis,
consolo que põe fim às minhas lágrimas
e aos meus gemidos,
libertação de toda desventura,
bálsamo para minhas dores,
liberdade em troca de minha escravidão,
esperança da minha salvação...
Assim seja, ó senhora minha,
assim seja, ó refúgio meu,
minha vida e meu auxílio,
minha defesa e minha glória,
minha esperança e minha fortaleza.[23]

7. ANDRÉ DE CRETA (consagrado Bispo de Gortina, em Creta. Faleceu em 740 d.C.)

Alegra-te, cheia de graça!
O Senhor está contigo
Juntamente com o Anjo Gabriel digamos:
Alegra-te, alegria desejada por nós.
És o cesto onde o pão está ardendo em chamas.
Alegra-te, alegria das Igrejas.
Alegra-te, nome que inspira doçura.
Alegra-te, vulto divinamente luminoso, cheio de graça.
Alegra-te, memória venerabilíssima.

---
[23] CARRETTO, Carlos. *A Mulher que Acreditou*. 5.ed. Tradução de Isabel Fontes Leal Ferreira. São Paulo: Edições Paulinas, 1980, p.96.

Alegra-te, véu espiritual que nos trazes salvação.
Alegra-te, Mãe da luz sempre nova, vestida dessa luz.
Alegra-te, puríssima Mãe da santidade, limpidíssima fonte de uma nascente de vida.
Alegra-te, nova Mãe, oficina do novo nascimento.
Alegra-te, Mãe inefável Daquele que ninguém pode conter.
Alegra-te, novo livro da nova Escritura,
profetizado por Isaías, fielmente testemunhado pelos anjos e pelos homens.
Alegra-te, alabastro do sagrado unguento.
Alegra-te, criatura que abraçaste o Criador.
Alegra-te, pequenina morada que contiveste o Incontenível.[24]

8. ANÁFORA DA LITURGIA ETÍOPE
(talvez composta no século VII ou VIII)

Ó Maria, vastidão do céu,
fundamento da terra,
profundidade dos mares,
luz do sol,
beleza da lua,
esplendor das estrelas do céu...
Teu seio carregou o próprio Deus,
diante de cuja majestade
o homem se sente amedrontado.
Tuas entranhas contiveram o carvão ardente.
Teus joelhos sustentaram o leão,
terrível em sua majestade.
Tuas mãos tocaram
Aquele que é inviolável,
e o fogo da divindade que nele reside.
Teus dedos assemelham-se às pinças incandescentes

---

[24] *Maria. Testi teologici e spiritual dal I al XX secolo (A cura dela Comunità di Bose)*. 4.ed. I Meridiani, aprile 2003. Milano: Mondadori, p.232-233.

com que o Profeta recebia o carvão
para a oblação celeste.
És o cesto onde o pão está ardendo em chamas,
és o cálice onde o vinho foi vertido.
Ó Maria, que em teu seio formaste
o fruto da oblação,
pedimos-te instantemente
que nos guardes do inimigo que vive a rondar-nos.
E assim como não se separa
a mistura da água com o vinho,
nós também não nos separamos de ti e do teu Filho
Cordeiro da salvação.[25]

9. ANÔNIMO

AVE, MARIS STELLA (sécs. VIII-IX)

Ave, Ó Estrela do Mar,
sempre bela, Mãe de Deus!
Foste, e sempre serás, Virgem,
Porta bendita dos Céus.

Ouviste a divina mensagem
da boca de Gabriel:
concede que vivamos em paz,
muda Eva para *Ave!*

Livra os réus de toda a culpa,
ilumina os que estão cegos,
aparta de nós os males,
alcança-nos todos os bens.

---

[25] CAZENAVE, Michel. *Louanges à la Vierge*. Paris: Imprimerie Nationale, 1996, p.46.

Mostra que és nossa Mãe!
Desça dos céus até nós
Aquele que, por nós nascido,
quis de ti, também, nascer.

Ó Virgem incomparável,
a mais amável de todas,
preserva-nos do pecado,
torna-nos mansos e puros.

Orienta a nossa vida
por um caminho seguro,
para que, vendo Jesus,
sejamos, um dia, felizes.

Sejam louvados e glorificados
o Pai, o Filho, o Espírito Santo.
Tributemos às Três Pessoas
um único e puro amor.[26]

10. GAUDE VISCERIBUS (séc. IX)

Alegra-te, nossa mãe, Igreja feliz,
no íntimo de tuas entranhas,
tu, que tornas a celebrar
as jubilosas festas de Maria,
que os céus, a terra e o mar aplaudem!

Maria, cuja geração é incomparável,
cuja vida fulgura com seus atos,
cujo fim é sem fim,
coroado por honra sem igual.

---

[26] REGAMEY, Pie, O.P. Ibid, p.109-110.

Tu, ó Virgem, que deste à luz,
permanecendo Virgem,
e com teu seio amamentaste o Senhor,
de Quem procedem todos os dons.
Tu, que o levavas nos teus frágeis braços!

Teu feliz parto foi recebido com eterno louvor,
ó Porta do Rei, eternamente fechada,
ó Estrela deste Mundo efêmero,
Ramo real florido.

A ti suplicamos, neste momento,
Santa Mãe de Deus,
Esposa perpétua do Rei,
que, em toda parte e sempre,
nos proteja teu suave favor!

Obtém, ó Virgem, por tuas santas preces,
a todos uma paz durável,
e, a nós, as dádivas eternas
do Reino dos Céus.

11. REGINA COELI (séc. X)

Rainha dos Céus, alegrai-vos, aleluia!

Porque Aquele que merecestes trazer em vosso seio, aleluia,
ressuscitou, como o havia prometido, aleluia!

Rogai a Deus por nós,
aleluia!

12. SALVE, SALVAÇÃO DO PECADOR (séc. X)

Salve, salvação do pecador,
salve, Mãe do Salvador,
salve, ó Virgem Real!

Salve, Mãe de piedade,
que consolas com tua graça
os aflitos, os desgraçados,
Tu, a toda Cheia de Graça.

Soberana dos céus, salve,
Imperatriz dos anjos,
que acolhes os miseráveis!

Salve, terna, salve, digna,
salve, ó doce, salve, ó benigna,
leva-nos contigo ao Paraíso.

Lava nossas impurezas,
elimina nossas culpas!
Que saiamos deste pântano,
Fonte de misericórdia!

Faze jorrar sobre nós a água da pureza,
sobre nós, que jazemos há tanto tempo
no lamaçal da imundície.

Nós te saudamos, Virgem e Mãe única,
na qual, e por meio da qual,
o Filho de Deus se fez nosso irmão.

Concede que, seguindo tal irmão,
gozemos nos céus, ao término de nossa vida,
da verdadeira Luz.

13. AVE, RAINHA DOS CÉUS (sécs. X e XI)

Ave, Rainha dos Céus,
Ave, Senhora dos Anjos!
Salve, Raiz, Salve Porta,
pela qual a Luz nos veio.

Exulta, Virgem gloriosa,
entre todas a mais formosa!

Eu te saúdo, cheia de Graça:
suplica por nós a Deus.

14. OH, DE QUAL LUZ (séc. XI)

Oh, de qual luz resplandeces,
descendente do Rei David,
sublime cidadã do Paraíso,
acima de todos os seus habitantes!

15. HENRICUS MONACHUS (I) (séc. XI)

Luminosa Estrela do mar,
Ave, Maria!

Nascida, por desígnio de Deus,
para iluminar as nações.

Vem, Porta de Deus!
Porta não aberta,
que trouxeste ao mundo,
revestido de carne,
a luz verdadeira,
o sol de justiça!

Glória do universo,
Rainha dos céus,
pré-escolhida como o sol,
bela como a lua:
reconhece aqueles
que te amam.

Tu, ramo cheio de fé
da estirpe de Jessé,
és aquela por quem os Patriarcas
e Profetas suspiraram!

Oh tu, árvore da vida,
orvalhada pelo Espírito Santo,
a quem Gabriel anunciou
a hora em que devias dar à luz
a amêndoa da divina flor.

Restitui a doçura à fonte
que a pedra fez brotar no deserto.
Que todos, com fé sincera,
nos saciemos de seu frescor,
e, de rins cingidos,
purificados pelo mar,
possamos contemplar
a Serpente de Bronze sobre a Cruz.

Faze que a flama santa
do Verbo e do Pai,
que levaste em ti
à semelhança da Sarça Ardente,
nos despoje de nossa pele animal!

Com lábios e corações santificados,
permite que nos aproximemos de ti.

Ó Jesus, escuta-nos,
a nós, por quem implora
a Virgem, tua Mãe!

16. HENRICUS MONACHUS (II)
(séc. XI)

Misericordiosa,
Soberana,
ó primeira a ser invocada:
não consintas que sejamos devastados,
nem que o granizo caia sobre nós!

A ti, foi concedido o pontificado,
ó mãe, que apareceste após séculos.

É por isso que oramos a ti,
para não perecermos
num turbilhão cruel.

Acalma os ventos,
propicia-nos tempo sereno!
Cintile, novamente, a bela estrela
que a nuvem ocultou.

Virgem,
pedimos que não nos deixes
sucumbir à peste,
aos efeitos da cólera.

Iluminem-se as trevas,
acalmem-se os raios de Deus!

17. HENRICUS MONACHUS (III)
(séc. XI)

QUI EST QUI PULSAT?

Quem é esse que bate à porta,
interrompendo o sono da noite?

Ele me chama:

*Formosa entre as virgens,
irmã, esposa,
a mais esplêndida das joias:
levanta-te,
abre-me a porta, minha doce amada!*

Eu sou o Filho do Rei Supremo.

*O Primogênito, o último vindo
que, do alto dos céus, desceu ao seio das trevas
para libertar as almas dos cativos,
dos que sofreram a morte,
e numerosos outros ferimentos.*

Saí, imediatamente, do meu leito
e corri até a porta
para que minha casa ficasse
aberta ao Bem-Amado,
e ele se sentisse à vontade,
podendo ver aquela
que tanto desejava ver.

Mas, quando o percebi,
ele já havia partido,
abandonando meu limiar.

Que podia eu fazer, uma infeliz?
Chorando, fui atrás do Jovem,
cujas mãos tinham modelado na argila
o primeiro homem.

18. HERMANUS CONTRACTUS:
Monge de Reichenau (séc. XI: +1054)

ALMA REDEMPTORIS MATER

Santa Mãe do Redentor,
Porta dos Céus sempre aberta!

Estrela do mar, socorre
os caídos que desejam
reerguer-se de suas culpas.

Tu que, um dia, concebeste,
com admiração da natureza,
Aquele que te criou,
sem que tua virgindade
em nada fosse violada,
Virgem antes, Virgem após
a tua Maternidade!

Feliz de ti que escutaste,
da boca de Gabriel,
nosso *Ave* redentor!

Compadece-te dos pecadores.

19. SANTO ANSELMO DE CANTERBURY
(1033-1109)

AVE, VIRGO SINGULARIS

Salve, Virgem singular,
belo palácio virginal!

Salve, morada celeste,
limiar do Paraíso!

Salve, véu de lã puríssima,
salve, terra inviolada.

Salve, terra abençoada,
salve, sacrário do Rei!

Salve, estrela virginal,
cujo parto incomparável

o Cristo, com sua cítara,
nos revelou sobre a Cruz!

Tangemos tal instrumento
quando as dez cordas da lira

são religadas por nós
ao Decálogo do Mistério!

Salve, joia preciosíssima,
onde estão escritos os Mistérios!

Salve, lâmina de ouro puro,
em ti mesma circunscrita!

20. HILDEBERT DE LAVARDIN
(sécs. XI-XII)

Mãe de Deus,
corpo preservado da Queda,
perfumado com todos os aromas;

Estrela do Mar,
que mulher alguma
pode em glória igualar;

digna de todas as honras,
Soberana sobre o trono,
Flor imperial:

Tu destilas mel,
ó cheia de piedade,
e de ti flui a doçura!

Tu curas as feridas,
afastas os males.
restituis a saúde.

Esperança de perdão,
caminho da alegria,
doce vara de Jessé.

Digna-te acolher
as preces humildes
de teus servidores.

Temo as cadeias
com que o atroz Dragão
procura arrastar-me ao inferno.

Olha, piedosa mãe,
para aqueles que se sentem
oprimidos por graves delitos.

Perdoa ao acusado!
Que o peso que o esmaga
lhe seja suavizado.

E, para que eu encontre
perdão, apesar de réu,
ora por mim – te suplico!

Que da malícia
dos infernos
seja eu preservado.

Antes, pela piedade
do Senhor, mereça
ser elevado acima das estrelas!

21. PEDRO ABELARDO (1079-1142)

VITAE VIAM

Ela, a caminho, deu à luz o Caminho!
Encontrou um refúgio, não uma casa.

A herdeira dos reis, a dama dos céus.
teve por alcova um estábulo miserável.

No momento do parto, onde estavam as parteiras?
Em lugar delas surgiram Anjos,
cujos coros se dispersaram pelos campos,
exaltando as alegrias de tão grande Natividade.

22. INVIOLATA (séc. XII)

Inviolada, íntegra, e casta, és Maria,
porta refulgente dos céus,
doce Mãe, amadíssima de Jesus!

Recebe nossas piedosas oferendas,
para que nossos corações e nossos corpos
sejam purificados.

É assim que nossos corações
e nossas bocas te assediam
por meio de dulcíssimas súplicas.

Obtém-nos o perdão,
ao longo dos séculos,
ó benigna, ó benigna, ó benigna!

Tu,
que permaneceste a única inviolada!

23. ANÔNIMO (séc. XII)

LAMENTAÇÃO

Eis a Mãe,
na sua desolação!

Já não é mãe!
É mãe arrancada
a seu doce filho.

A Virgem lamenta-se,
chora, e espera
que tirem da Cruz
o corpo torturado da Vítima.

Ó cena lacrimosa!

Semimorta, inclina-se,
tendo nos braços
os despojos mortais de seu Filho.

Estigmas, furos sangrentos de pregos,
chagas vermelhas, ela os acaricia,
contemplando-lhe a fronte,
cingida com a coroa de espinhos,
contemplando-lhe o peito,
com as portas abertas do coração!

Que terrível sofrimento,
que gemidos!

Torcendo as mãos, profere
um grande grito,
inundando o corpo de Jesus com seu pranto,
regando-o com suas lágrimas,
como um orvalho matinal
que suavizasse a terra.

Mãe de Cristo:
pelas dores que padeces
pelo teu doce Filho,
dá-nos a graça de chorar contigo!

Que, também, trespassemos nosso coração
com a espada da compaixão!

Ó Virgem das Dores,
faze-nos partilhar teus suspiros
na tua plangente companhia,
para que, após uma vida de tristezas,
possamos encontrar-te
como nossa guia
a caminho
da glória do Paraíso.

24. SÃO BERNARDO DE CLARAVAL (I)
(1091-1153)

TU PRAECLARUS

És o preclaro tesouro
de todos os dons celestes,

o jardim ameno
de todos os aromas!

Ó fonte selada
que não pode ser turvada
pelas patas dos irracionais.

Nada pode turvá-la,
porque é circundada
pelas virtudes de Deus.

Teus colares
ostentam
formosas pérolas,

tua pureza
ultrapassa-os
em graça.

Tua glória
supera em fragrância
o timo e o bálsamo.

Quando ela resplende,
nutres as almas,
e as libertas da morte.

25. SÃO BERNARDO DE CLARAVAL (II)
(1091-1153)

Ó BEATA

Ó Bem-aventurada,
compadecida,
acolhe nossas preces.

Livra-nos,
por tua clemência,
de todos os males.

Recebe nossas súplicas:
não te afastes
dos que te invocam!

Vem em nosso socorro,
defendendo-nos
de todos os perigos.

26. SÃO BERNARDO DE CLARAVAL (III)
(1091-1153)

ILLIUS ERIS MATER

Tu és a Mãe Daquele
de quem Deus é Pai.

O Filho do amor do Pai,
que te coroa com a castidade.

A sabedoria do coração do Pai,
fruto de teu ventre virginal.

Dás à luz o Criador,
e Dele concebes.

Ânimo, ó Virgem fecunda,
És pura no parto, inviolada Mãe!

27. SÃO BERNARDO DE CLARAVAL (IV)
(1091-1153)

SI INSURGANT VENTI

Ó tu, quem quer que sejas,
que, na agitação deste mundo,
mais te sentes à deriva,
arrastado por furacões e tempestades,
do que pisando terra firme:
não afastes teus olhos do resplendor deste astro
se não queres naufragar
no oceano enfurecido.

Quando os ventos das tentações soprarem,
e estás para ser arrojado
contra os recifes da desgraça.
olha para a estrela,
invoca Maria!

Se o orgulho, se a ambição,
se a traição, ou a inveja,
te sacudirem em suas ondas,
olha para a estrela,
invoca Maria.

Se a cólera ou a avareza,
se as seduções da carne
puserem em risco a pequena barca
de tua alma,
olha para Maria.

E, quando perturbado pela enormidade
de tuas culpas,
envergonhado pela imundície de tua consciência,
gelado de terror ao pensamento do Juízo,
começares a ser submergido pelo torvelinho da tristeza,
pelo abismo da desesperança,
pensa em Maria.

Nos perigos, nas angústias,
nas situações mortais,
pensa em Maria,
invoca Maria.

Que ela nunca se aparte de tua boca,
nunca se aparte de teu coração.

E, para alcançares o favor de suas preces,
não cesses de imitar sua vida.

Seguindo-a, não te desvias,
Implorando-a, não desesperas;
se a guardas no pensamento,
não darás um passo em falso;
se te apoias nela, não cais,
se ela te conduz, não te fatigas,
se te é favorável, chegas ao fim.

E, assim, em ti mesmo experimentarás
quão merecidamente foi dito:

O nome da Virgem era Maria.

28. HILDEGARDE DE BINGEN (1098-1179)

DE SANCTA MARIA

I. Ave, generosa

Ave, generosa, gloriosa, intacta donzela!
Pupila de castidade,
matéria de santidade,
que tanto agradaste a Deus!

Uma celeste infusão
realizou-se em ti
no instante em que o Verbo de Deus
se revestiu de tua carne.

És o cândido lírio
que Deus, acima de qualquer outra criatura,
contemplou.

Ó belíssima, ó dulcíssima:
quantas delícias o Senhor provou em ti,
ao cingir-te com um abraço caloroso
para que pudesses
amamentar seu Filho!

Teu ventre conheceu a alegria
na hora em que a sinfonia dos céus
ressoou em ti!

Ó Virgem,
transportaste o Filho de Deus
na tua castidade,
que o poder de Deus iluminou.

Tuas entranhas conheceram a alegria,
como a erva sobre a qual
o orvalho amanhece!

Mãe de toda alegria!
Que a Igreja resplandeça no júbilo,
e toque sua sinfonia
em honra de ti, dulcíssima Virgem,
louvável Maria,
genitora de Deus!

II. O Virga

Ramo e diadema da púrpura do Rei:
na tua clausura, és como uma couraça.

Verdejante, floresceste numa outra estação
quando Adão deu origem a todo o gênero humano.

Nós te saudamos
porque de teu ventre se originou outra vida,
a vida de que Adão privou seus filhos.

Ó flor, não germinaste do orvalho,
nem de gotas de chuva;
nem o vento soprou sobre tua cabeça!
Foi a luz divina que te deu nascença,
a partir de um nobilíssimo rebento.

Ó ramo, cuja floração
Deus previu
desde o primeiro dia da Criação.

Para seu Verbo, louvável Virgem,
ele produziu
uma substância de ouro.

Como é grande, na sua virilidade, o flanco do homem
do qual Deus formou a figura da mulher,
espelho de sua beleza,
fonte de atração da Criação inteira!

À vista disso cantam em coro os órgãos celestes,
toda a terra maravilha-se, louvável Maria,
uma vez que Deus te amou imensamente!

III. O Quam Praetiosa

É preciosa
a virgindade dessa Virgem,
cuja porta estava fechada,
a cujo ventre bendito
a Divindade infundiu ardor,

para que nele desabrochasse uma flor,
e o Filho de Deus, por vias secretas,
dele pudesse surgir, como a aurora!

29. ANÔNIMO (séc. XII)
ANGELUS CONSILII

O Anjo do Conselho
nasceu de uma Virgem,
nasceu o sol de uma estrela.

Sol sem ocaso,
estrela sempre rutilante,
sempre luminosa.

Como o astro gera o raio,
Ela, Virgem,
gerou seu Filho.

Não sofre o astro no seu fulgor,
nem tal Mãe, dando à luz o Filho,
perde sua integridade.

30. ADÃO DE SÃO VITOR
SALVE, MATER SALVATORIS

Salve, Mãe do Salvador,
vaso eleito, vaso de honra,
vaso de celeste graça;
desde sempre idealizado,
vaso insigne, cinzelado
pela mão da Sabedoria.

Santa Mãe do Verbo, salve,
flor de espinhos – sem espinhos,
flor que honra o espinheiro!
Fomos, nós, todos feridos
pelo espinho do pecado.
Tu não conheces espinhos!

Porta fechada, fonte do horto,
cofre que guarda as essências,
tesouro de todos os aromas!
Superas em fragrância
os ramos do cinamomo,
a mirra, o incenso, o bálsamo.

Salve, ó coroa das virgens,
medianeira junto aos homens:
dás à luz a salvação!
Ó mirto da temperança,
insigne rosa da paciência,
gracioso nardo oloroso.

Tu, paraíso celeste,
cedro do Líbano intocado,
que exala sua doçura!
Tens, do fulgor e da glória,
da doçura e do perfume,
a excelência e a plenitude.

És o trono de Salomão,
a que trono algum se iguala,
quer em beleza ou feitura,
cujo marfim de castidade,
cujo ouro de caridade
prefiguram todos os Mistérios.

Tua palma é única, e tua,
nenhuma a excede na terra
nem no palácio dos céus.
Glória da espécie humana,
tens, das virtudes o que os outros
não possuem: os privilégios.

Sol mais fulgente que a lua,
lua mais radiosa que os astros,
és, assim, tu, a mais nobre
de todas as criaturas.
Luz que não conhece eclipse,
a tua pureza, ó Senhora!
Fervor que jamais diminui
sua flama de caridade.

Salve, Mãe Compadecida,
escabelo da Trindade:
preparaste à majestade
do Verbo, que se fez carne
um aposento singular.

Ó Maria, Estrela do Mar,
única em dignidade,
estás acima de todas
as hierarquias celestes.
Sobre teu trono, no alto,
recomenda-nos ao teu Filho!
Que os furores e as astúcias
dos inimigos nunca nos vençam.

Jesus, Verbo do Pai,
salva os servos de tua Mãe,
e perdoa nossas culpas.
Pela força de tua graça,
modela-nos para a glória
da tua luz que não se extingue.

31. SÃO FRANCISCO DE ASSIS
(1181-1226)

SAUDAÇÃO À BEM-AVENTURADA VIRGEM MARIA

Eu te saúdo, Senhora,
rainha Santíssima,
santa Mãe de Deus, Maria,
que és Virgem feita Igreja,
a quem o Santíssimo Pai escolheu
consagrando-te, juntamente
com seu Santíssimo Filho Amado
e com o Espírito Santo Consolador.

Tu, em quem habitou,
e habita, a plenitude da graça,
e todo bem.

Ave, palácio de Deus,
ave, tenda de Deus,
ave, casa de Deus!

Ave, veste de Deus,
ave, sua serva,
ave, sua Mãe!

Saúdo, também, todas vós,
ó santas virtudes
que, por graça e luz do Espírito Santo,
sois infundidas nos corações dos fiéis,
para que, de infiéis que são,
se tornem fiéis a Deus.[27]

---

[27] *Fonti Franciscane. Editio Minor.* (Coordenação de Ernesto Caroli). 1.ed., 1986, V ristampa, 1998. Assisi: Movimento Franciscano, 1998. p.132-133.

32. HERMANN JOSEPH
(sécs. XII-XIII)

GAUDE, PLAUDE

Alegra-te, aplaude, clara rosa,
sê, para o aflito, melodioso poema!

Dize àquele que te saúda e suplica,
àquele que te invoca e te ama:
"Eu te salvarei em Cristo!"

Faze que, venerando-te, possa sentir-te,
revela-me tua presença.

Ao fitares Aquele que te contempla
permite que o teu seio se abra para mim.
Eu me ofereço todo a ti.

Alegra-te, toda bela,
a quem elevo meu clamor:
Rosa! Rosa!

És a mais bela e formosa
sobre todas as criaturas, a mais amorosa,
tu, a incomparável!

Alegra-te, minha doçura,
mais doce que o hidromel!

Adoça meu coração,
embriaga-o
com um néctar voluptuoso.

Alegra-te, tu, diante de quem
minhas culpas se apresentam
em sua plena nudez.

Tu, mãe piedosa, as vês,
porém não me desprezes,
ó misericordiosa, ó compassiva!

Olha para mim, com um semblante amável,
nas horas em que, angustiado, te imploro!

Dá a quem é vilipendiado,
a quem não possui méritos,
o que realmente amo,
o que realmente espero!

Alegra-te, Mulher feliz e cheia de glória!
Alegra-te!
Alegra-te em todos os instantes!

Tu, cujo amor está longe do fel,
tu que convertes a amargura em mel:
nada mais doce existe do que ele.

Alegra-te, senhora de rosto sorridente:
feliz quem o pode contemplar!

Feliz quem o contempla, e o admira,
quem se regozija com ele, quem se inflama,
quem é ferido pelas setas do seu amor.

Alegra-te, minha intercessora,
minha única consoladora.

Minha mãe amorosa,
que combates os meus inimigos:
feliz de quem convive contigo!

Alegra-te sem fim, e exulta,
ó adornada de ouro e pedrarias!

Minha mente suspira por ti!
Quem não te ama, delira,
ó amor, ó delícias!

Alegra-te, alegre sem medida,
doce, suave, tranquila!

Querida Mãe, olha para mim:
contempla-me na tua fé,
ama a quem te ama.

Alegra-te, festa do meu coração,
esposa feliz de Deus!

Que aquilo que emana de meu coração,
penetre no teu coração.
Concede-lhe tua atenção!

Alegra-te, tu, cujo odor
move o coração ao amor.

Aquece este coração,
anima-o, para que não se atrase,
diz-lhe: por que não corres?

Alegra-te, tu, cuja voz
é a de quem nos amamenta
como um seio!

"Vinde, todos, a mim,
provai meu gosto, experimentai-me,
vós todos que me desejais!"

Alegra-te, regozija-te comigo,
escuta, duas vezes,
os anseios de minhas preces!

Alegra-te, regozija-te mais do que o necessário!
Que os louvores que eu canto,
saídos do fundo de meus vícios,
subam aos teus ouvidos.

Querida, repousa comigo,
sê um sol para mim, todos os dias.

Eu me confio inteiramente a ti.
Tu, por tua parte, perdoa-me,
sabendo que sou pecador, noite e dia.

33. INOCÊNCIO III (I) (Papa de 1198 a 1216)

AVE, MUNDI SPES, MARIA

Ave, Maria, esperança do mundo,
ave, suave; ave, piedosa,
ave, cheia de graça!

Ave, Virgem singular,
que és como o espinheiro
por onde o incêndio não passa.

O quão santa, quão serena,
quão benigna, quão amena
és, ó Virgem celebrada!

Tu, por quem a escravidão
foi abolida,
aberta a porta do céu,
a liberdade restituída.

Ó lírio de castidade,
ora por nós a teu Filho,
salvação dos humildes.

para que não nos submeta,
por causa de nossos pecados
ao seu Juízo inexorável.

Graças às tuas santas preces,
que nos purificam das culpas,
que Ele nos conduza
à morada da luz,
onde todos digamos:
Amém!

34. INOCÊNCIO III (II) (Papa de 1198 a 1216)
AVE, MUNDI SPES, MARIA

Ave, Maria, esperança do mundo,
ave, suave; ave, piedosa,
ave, cheia de caridade!

Virgem dulcíssima e serena,
santa Mãe de Jesus Cristo,
só tu foste a escolhida.

Sem homem, te tornaste mãe,
e aleitaste o Menino,
Imperatriz dos anjos.

Consoladora dos pecadores,
consola-me quando choro
extraviado em meus pecados.

Defende-me, a mim, pecador!
E para que não te desonres
com um estrangeiro, com um malfeitor,
imploro-te, rainha dos céus,
perdoa-me, sim, perdoa-me
junto ao teu Filho Jesus.

Tenho medo de sua cólera,
aterrorizo-me com seu furor,
porque pequei em sua presença.

Ó Virgem Maria, não te mostres
estranha em relação a mim:
és, para todos, a Cheia de Graça!

Sê guardiã de meu coração,
grava em mim o temor de Deus,
concede-me o dom da saúde.

Dá-me retidão de vida!
Que eu possa fugir ao pecado,
amando apenas o que é justo.

Ó doçura virginal,
que nunca igual existiu
entre todas as mulheres
nascidas de outras mulheres!

O Criador de todas as coisas
te escolheu por sua Mãe,
excluindo-te do pecado
subtraindo-te ao seu juízo.

Que em razão de tuas súplicas,
eu não mergulhe no inferno!
Ah, rosa sem espinhos,
medicina dos pecadores!

Roga a Deus por mim, piedosa,
para que me salve das procelas
neste mundo
tão imundo!

35. ANÔNIMO (fim do século XII)

FELIX VENTER

Feliz ventre,
onde Deus,
benignamente,
se revestiu de carne;

felizes peitos,
onde, oculto,
o Rei dos Reis
se reclinou;

felizes entranhas
por meio das quais o homem,
perdido pela malícia,
se salvou;

feliz seio,
no qual o Divino
Espírito
repousou;

feliz leito,
tão santificado por seu parto,
que esposo nenhum,
como convém a tal prodígio,
se atreveu a tocá-lo!

36. ANÔNIMO (século XIII)

SALVE, MATER SALVATORIS

Salve, Mãe do Salvador,
vaso eleito do Criador,
glória do povo celeste!

Salve, Virgem abençoada,
por quem a terra maldita
mereceu sua medicina.

Salve, luz, vida do mundo,
pérola muito preciosa
por quem a morte foi morta!

Salve, Mãe do Ressuscitado,
que esmagaste a cabeça
da Serpente venenosa!

37. ANÔNIMO (século XIII)

AVE, VIRGO SINGULARIS

Ave, Virgem singular,
Mãe de nossa salvação,
Estrela formosa do mar,
estrela que sempre orienta.

A nós, no oceano da vida,
não nos deixes naufragar,
mas, em nome de tua bondade,
conduz-nos a um porto seguro.

Mar e ventos enfurecem-se,
vagas atroam, raivosas.
A barca prossegue contra rijas
correntes que a contrariam.

São as sereias do prazer,
o dragão, os cães-piratas:
tudo ameaça de morte
no fundo do desespero.

Depois, dos abismos aos céus
as ondas lançam nossa barca,
vacila o mastro, desaba a vela,
vão é o esforço dos marujos.

Nossa animal humanidade
fraqueja nesses perigos:
Tu, ó Mãe espiritual,
socorre os que vão morrer!

Socorrida pelo orvalho celeste,
salvaste a flor da tua castidade,
oferecendo ao mundo nova flor,
de natureza prodigiosa.

O Verbo, consubstancial ao Pai,
entrou no teu corpo virginal,
tornou-se corporal, como nós,
à sombra de teu ventre!

Aquele que governa o Universo
te predestinou, te escolheu,
não permitindo que o teu pudor
nem de leve fosse ferido.

Por ter fecundado tuas entranhas,
não sofreste, ó Mãe de Deus,
ao invés de nossa mãe Eva,
ao dares à luz teu Senhor.

Maria, pela dignidade
de teus méritos nobilíssimos,
foste a única criatura
a ser elevada sobre os Anjos!

Bendito dia desta festividade
quando sobes para os céus!
Das alturas de tua piedade
olha para nós, neste mundo.

Santa raiz, raiz viva,
flor, videira, e oliveira
que sem enxerto frutificou,
flama da terra, esplendor do sol.

Mais radiante do que os astros,
confia-nos a teu Filho,
para que nos julgue,
pelo rigor de sua justiça.

Jesus, fruto de entranhas tão sagradas,
sê, no meio das vagas do mundo,
nosso caminho, verdade, e vida;
conduz-nos a Ti, com liberdade.

Ao Paraíso, dirige o timão,
acalma a feroz tempestade,
fazendo com que cheguemos,
por tua clemência, à paz de um porto.

38. ANÔNIMO (século XIII)
TRISTE FUIT

Triste foi o mal de Eva,
porém, de Eva se formou
o *Ave*, que trouxe ao leito
nupcial da Virgem
o Verbo Eterno, Redentor.

Concedei-nos, Mãe e Virgem,
gozar de tão alto favor!

39. ANÔNIMO (século XIII)
AVE, VIRGO GRATIOSA

Salve, ó Virgem graciosa,
de Deus Mãe gloriosa!

Raio mais doce que o mel,
de maior alvura que o lírio,
de maior pudor que a rosa.

40. SÃO BOAVENTURA (I) (1221-1274)
AVE, COELESTE LILIUM

Salve, lírio celestial,
salve, rosa maravilhosa,
salve, mãe dos humilhados,
soberana nas alturas!

Ó leito da Divindade
em nosso vale de lágrimas:
dá-nos força, traz-nos auxílio,
tu que perdoas nossas culpas.

Virgem Santa, incomparável,
pelo anúncio de Gabriel,
mereceste conceber o Verbo
à sombra do Espírito Santo.
Ó Virgem antes do parto,
ó Virgem inviolada após,
nosso único refúgio
nesta vida vacilante.

Consola teus servidores!
A teus pés a humanidade
pasma que sejas Mãe e Virgem!
Nossa fragilidade não consegue
imaginar tal prodígio!
Mas, como a fé ultrapassa as nuvens,
e se revela na verdade,
confessamos que foi em ti
que Deus se revestiu de carne.

Engendraste, ó Mãe, o Filho,
sendo, contudo, filha do Pai;
criatura, deste à luz o Incriado,
como uma estrela, ao próprio Sol.
Pariste, ó Vaso, o oleiro,
permanecendo ilibada.
Por ti, Mãe de Jesus,
se nos devolveu a vida perdida.

Que doces são as entranhas
que se tornaram leito do Senhor!
Ó santíssimos mamilos
onde ele Ele sugou suave leite,
do qual se sustentou. Ave, Mãe!
Tu reinas sobre as estrelas;
livra-nos da morte eterna,
e de todos os males.

Rosa de glória, pura rosa,
nova rosa sem espinhos,
rosa em flor, rosa amorosa,
rosa por graça divina,
entronizada nos céus:
não há nada, nem haverá,
algo que mais possa ajudar-nos
do que tu, medicina dos réus.

Nas Escrituras, em figuras,
és amiúde designada,
foste mostrada em enigmas,
nos Códices Sagrados.
Tanto no Antigo Testamento,
como no Novo, és glorificada:
entre todas as mulheres,
e acima de todas elas.

Antes de criar o mundo,
deu-te o Senhor um lugar!
Quando, em sua sabedoria,
edificou o firmamento.
Previu, e dispôs, com poder,
que, graças a ti, fosse destruído
o terrível pecado da argila
que ele iria modelar.

Alegra-te, Virgem-Mãe, alegra-te,
por ti foi restaurado o mundo.
Na companhia dos habitantes celestes,
aplaude, também tu, porque a ti
é que tais honras são dirigidas.
A maior glória, gloriosamente,
te seja endereçada, unânime:
por ti foram libertados os homens.

Casta Virgem, também um rio
voluptuoso te irrigou,
o mesmo que fluía no Paraíso,
quando o Filho de Deus te habitou.
Nossa terra, então, produziu
copiosos frutos maduros,
e à nossa natureza o Senhor
devolveu seu melhor estado.

No Paraíso, o Deus Eterno
fez de seu Filho um homem,
dando-lhe como guarda a ti.
E quando lhe aprouve te visitar,
por meio de Gabriel,
suscitou, nesse momento,
aos homens um Redentor
que não podia ser maior.

Tua virgindade, Mãe Santíssima,
aparece na sarça ardente
do Monte Horeb, cujo verdor
o fogo não pôde queimar.
Como essa sarça, tua integridade
não foi corrompida na hora
em que a Divindade em teu ventre
se juntou à nossa humanidade.

41. SÃO BOAVENTURA (II) (1221-1274)
PSALTERIUM DE DELICIIS VIRGINIS

I. Domini Est Terra

A terra pertence ao Senhor, com a sua plenitude;
tu, porém, Santíssima Mãe, reinas com Ele na eternidade.
Estás revestida de glória e de beleza:
pedras preciosas adornam tuas vestes e teu manto.
O resplendor do sol brilha sobre tua cabeça,
e a formosura da lua enfeita teus pés.
As constelações engalanam teu trono;
os astros te glorificam, ó Estrela da Manhã!
Recorda-te de nós, minha Senhora, com a benevolência que é teu
    distintivo: torna-nos dignos de glorificar teu nome.
Que a glória seja toda tua, ó Mãe dos órfãos!
Faze que o Pai Onipotente nos seja favorável!

II. Ego Dixi

Eu disse, na metade dos meus dias:
irei à Maria para que ela me reconcilie com Cristo.
Tornei a invocá-la no restante de meus dias, na amargura de minha
    alma.
Minha vida foi-me tirada, já que meu pai e minha mãe me
    abandonaram: Maria acolheu-me.
Eu esperava por ela de manhã, à tarde, e ao meio-dia.
Como um leão, ela triturou os ossos dos meus pecados.
Senhora, levaste contigo minha alma, para que não perecesse,
salvaste minha túnica das garras dos cães.
Faze que eu seja salvo, Senhora!
Cantarei o teu louvor todos os dias de minha vida,
Santa Mãe de meu Senhor!

42. ANÔNIMO

ANGELUS DOMINI

O Anjo do Senhor anunciou à Maria,
e ela concebeu do Espírito Santo.

Ave, Maria!

Eis aqui a serva do Senhor!
Faça-se em mim segundo a sua vontade.

Ave, Maria!

E o Verbo se fez carne,
e habitou entre nós.

Ave, Maria!

Roga por nós, Santa Mãe de Deus,
para que sejamos dignos das promessas de Cristo.

43. JACOPONE DA TODI (I)
(século XIII)

STABAT MATER DOLOROSA

Estava a Mãe Dolorosa
ao pé da Cruz, lacrimosa,
vendo o Filho ali pendente.
Uma espada trespassava-lhe
o coração, e o inundava
de dor, tristeza e gemidos.

Oh quão triste, quão aflita
estava a Virgem bendita,
Mãe do Filho unigênito!
Dor e angústia padecia
e, contemplando, gemia
pelo martírio do Filho.

Que homem não choraria
se pudesse ver tal Mãe
padecendo tal suplício?
Quem não se contristaria
se contemplasse tal Mãe
suspirando junto ao Filho?

Ela viu Jesus sofrendo
pelos pecados dos homens,
submisso a cruéis flagelos.
Viu seu doce Filho amado
morrer só, desamparado,
e dar o último suspiro.

Ó Mãe, fonte de todo amor,
fazei que tão gritante dor
eu sinta, e convosco chore!
Fazei que minha alma se inflame
e que a Jesus somente ame,
buscando o que sempre lhe agrade.

Santa Mãe, isto vos rogo
imprime no meu coração
os cinco cravos da Paixão!
Que com vosso Filho ferido,
que se dignou a sofrer por mim,
divida tantos tormentos.

Fazei que, enquanto eu viver,
compartilhe seu sofrer,
e chore convosco, Mãe!
Junto à Cruz, acompanhando
vosso doloroso pranto:
é onde eu desejo estar!

Virgem das virgens, preclara,
não sejais comigo avara:
fazei-me também chorar!
Fazei-me participar
das chagas, paixão e morte,
recordando-as com carinho.

Fazei que em mim tais feridas
de Cristo sejam visíveis,
e que delas me embriague!
Por amor ao vosso Filho,
seja eu defendido
por vós – no Dia do Juízo.

Doce Virgem, que sua Cruz
me defenda no instante
em que minha alma sair do corpo.
Fazei que ela, então, receba
a coroa da felicidade
na glória do Paraíso.

44. JACOPONE DA TODI (II) (século XIII)

STABAT MATER SPECIOSA

Estava a Mãe Silenciosa,
junto ao feno, jubilosa,
no qual jazia o Menino.

Sua alma, em gozo inundada,
foi, no fervor de sua prece,
transpassada pela alegria.

Oh, que devota e feliz
estava a Virgem Imaculada,
Mãe do Filho Unigênito!

Ela gozava, e sorria,
e exultava, enquanto via
sobre as palhas o Fruto Bendito.

Quem não se alegraria
vendo a Mãe do Salvador
em tão grande jubilação?

Quem não se encantaria
vendo a terna Mãe de Jesus
brincando com o seu Filho?

Para obter o perdão dos pecados,
ei-Lo, no meio dos animais,
submetido a um frio inclemente.

Maria vê seu doce Menino,
entre vagidos, ser adorado
pelos humildes pastores.

Nascido numa lapinha,
Cristo é saudado com cânticos
pelos habitantes dos céus.

Ao lado da jovem Virgem,
silencioso, José assistia,
encantado, ao que acontecia.

Senhora, fonte de todo o amor,
que eu sinta a força de teu ardor:
deixa-me sentir o que sentias!

Faze que arda meu coração
amando o Senhor, que de ti nasceu,
agradando-lhe em todos os momentos.

Santa Mãe, isto te peço:
que, desde já, faças que os cravos
da Cruz penetrem minha alma.

Faze com que eu me regozije
de me unir ao Menino Jesus,
aqui mesmo, neste exílio.

Faze que tenhamos um só ardor
para que jamais me abandone
esse desejo tão santo!

Virgem, a mais insigne de todas,
não te esqueças de mim, no futuro,
permite-me tomar nas mãos o Menino.

Permite-me levar teu Menino,
que venceu a morte ao nascer,
pois ele veio trazer a vida.

Sacia-me com sua presença,
e que, inebriado por ela,
possa eu dançar, feliz.

Ardentes e inflamados,
meus sentidos fiquem pasmados
de convívio tão maravilhoso!

Faze que teu Filho me proteja,
e que sua Palavra me ilumine,
conservando-me na graça.

Quando meu corpo estiver morto,
seja concedida à minha alma
a visão de sua Face.

45. ANÔNIMO (século XIII)

QUEM TERRA, PONTUS, SIDERA

Aquele que a terra, os mares,
os céus adoram e louvam,
Aquele que rege o mundo,
a Virgem no seio oculta.

Sol, lua e estrelas altíssimas
se empenham no seu serviço,
enquanto o vemos cativo
das entranhas de uma Virgem!

Ó Mãe feliz e sem mácula,
tu hospedas no teu seio
o Supremo Criador,
que tem o mundo nas mãos.

Bendita te chama o Anjo,
fecunda te faz o Espírito!
É de ti que nasce o Cristo,
Desejado das Nações.

Honra e glória a Ti, ó Cristo
que a Virgem amamentou;
Glória ao Pai, e ao Santo Espírito
pelos séculos sem fim.

46. ANÔNIMO (século XIII)
AVE, VIRGO SINGULARIS

Salve, Virgem singular,
luminária do firmamento,
templo de Deus, luz do sol,
câmara repleta de aromas.
Estrela do Mar, ó Mãe
e Filha de teu Pai.

És a claridade do diamante,
nossa tocadora de cítara,
torre que os bem-aventurados
circundam na sua glória,
onde o sopro de Deus te anima,
constância dos Serafins!

Salve, campo bem defendido,
onde só a verdade do Verbo
pôde um dia penetrar!
Palácio do mundo, edificado
pela Divindade, sarça inflamada
pelo fogo da Santíssima Trindade!

Sobre todos os coros angélicos
Deus te elevou, gloriosa,
sobre as campinas celestes
soprou tua virgindade.

Por ti, a santidade
livrou o mundo da ruína.

Salve, Virgem, rosa rubra,
lírio de castidade,
Virgem pura, generosa,
fertilizadora do universo,
caminho de vida, glosa da lei,
Porta do Paraíso!

Jardim florido, luz jubilosa,
casa, vaso, santuário,
rebento de Jessé,
câmara nupcial e leito,
aurora radiosa
que engendras o fulgor do sol.

Salve, rainha dos céus,
orientadora dos errantes,
medicina dos pecadores,
recompensa dos vitoriosos,
piscina da graça de Deus,
remédio de toda fraqueza.

Inclina a nós teu ouvido,
amiga de quem te ama:
preserva-nos da lama!
Ajuda-nos a fazer penitência
nesta terra, para que nos céus
gozemos a recompensa.

Conduze-nos, Virgem Maria,
à hierarquia celeste,
às alegrias da Eternidade!

47. ANÔNIMO (século XIV)

GAUDE, VIRGO MATER CHRISTI

Rejubila-te, Virgem Mãe de Cristo
que concebeste, ouvindo
a mensagem de Gabriel.

Rejubila-te, cheia de graça,
porque deste à luz teu Filho,
sem dor, com o lírio do pudor.

Rejubila-te, porque teu Filho
que sofreste, ao vê-lo crucificado,
resplende, agora, ressuscitado!

Rejubila-te na ascensão de Cristo
aos céus: sob o teu olhar,
Ele deixou-se levar.

Rejubila-te, tu que sobes após Ele,
sendo para ti grande honra
entrar no palácio divino.

Ali, gozaremos para sempre,
graças a ti, do Fruto
de teu ventre.

48. DANTE ALIGHIERI (1265-1321)

Mãe virginal, ó filha de teu Filho,
mais alta e humilde que qualquer criatura,
por Deus prevista em seu eterno brilho.

Em ti se ergueu a tão audaz altura
o ser humano, que seu Criador
de Si Mesmo tornou-se criatura.

Reacendeu-se no teu ventre o amor
a cujo sol, na paz da eternidade,
desabrochou esta dourada flor.

Qual meio-dia a pino, ali resplende
tua ternura; e embaixo, entre os mortais,
és de esperança vívida nascente.

Senhora, tanto pode o teu carinho
que pedir graça sem a tua ajuda
é não ter asas, e voar sozinho.

Teu bem-querer não socorre somente
a quem suplica, mas, com gentileza,
às preces te antecipas, livremente.

Em ti misericórdia, em ti piedade,
em ti magnificência, em ti se junta
quanto no mundo existe de bondade.[28]

---

[28] *La Divina Commedia*. Volumne III. Paradiso. Comento e note a cura di Eliana Bertalotti Gariglio. Torino: Edizioni Il Capitello, 2000. p.370.

49. FRANCESCO PETRARCA (1304-1374)

VIRGEM BELA

Virgem bela,
vestida de sol,
coroada de estrelas:
tanto agradaste
ao Sumo Sol
que Ele, em si mesmo, ocultou tua luz.

O amor anima-me a dirigir-te minhas palavras!

Não sei como principiar – sem a tua ajuda,
sem a ajuda Daquele que, por amor de nós,
se fez Homem em ti.

Invoco-te,
porque respondes, sempre com benevolência
a quem te implora com fé.

Ó Virgem,
se alguma vez te compadeceste
da miséria extrema das coisas humanas,
inclina teu ouvido à minha prece!

Vem em meu socorro, nesta minha guerra,
ainda que eu seja terra,
e tu, a Rainha dos Céus.

Virgem Sábia, que pertences ao número
das Virgens Sábias – a primeira,
a que tem a mais luminosa das lâmpadas! –
forte escudo dos aflitos mortais
contra os golpes da morte e da fortuna,
sob o qual não só nos salvamos,

como triunfamos;
ó refrigério para o cego ardor
que inflama, neste mundo, os mortais dementes;
Virgem, cujos belos olhos
viram as marcas atrozes dos ferimentos
sobre os membros de teu Filho,
volve teu olhar
ao meu incerto estado:
desamparado, eu te imploro auxílio.

Virgem pura,
sem mácula,
inviolada,
filha e mãe do Fruto do teu ventre,
que iluminas esta vida
e adornas a Outra:
por meio de ti, teu Filho, também Filho do Eterno Pai
– janela dos Céus, luzente e alta! –,
veio salvar-me, nos últimos tempos.

Entre outras moradas terrenas,
somente tu foste a escolhida,
Virgem Bem-Aventurada,
que o pranto de Eva
convertes em alegria.

Torna-me, já que isto te é possível,
digno de sua graça.
Bem-Aventurada,
pois estás já coroada
no Reino sem fim.

Virgem Santa, cheia de toda graça,
que, por veraz e altíssima humildade,
subiste aos céus, onde minhas preces atendes,

concebeste a Fonte de Piedade
e o Sol da Justiça,
que traz paz ao mundo, repleto de erros,
densos e variados.

Três doces e caros nomes reúnes em ti:
Mãe, Filha e Esposa!

Virgem gloriosa,
Senhora do Rei, desata nossos laços,
e torna o mundo livre e feliz,
permitindo – ó *Beatrix!* –
que, em suas santas chagas,
saciemos o coração!

Virgem única no mundo,
sem outro exemplo,
que os Céus cativaste com tua formosura,
tu que, jamais, tiveste alguém que te fizesse sombra,
teus pensamentos santos e teus atos castos
prepararam, a Deus, um templo vivo
em tua fecunda virgindade.

Por ti minha vida pode ser ditosa
graças às tuas súplicas, Maria.
Virgem doce e piedosa:
a graça pode transbordar
onde o erro transbordou.

Com os joelhos da mente dobrados,
rogo-te: sê minha guia,
dirige – para um bom fim –
meu caminho transviado.

Ó Virgem preclara, amada
desde toda a eternidade,
estrela deste mar proceloso,
conduz, com segurança,
o navegante temeroso.

Eis que me encontro sozinho, desorientado,
e já pressinto em mim o derradeiro suspiro.
Minha alma entrega-se a ti,
ainda que pecadora! Não consintas, Virgem,
que teu inimigo zombe de minha desgraça.

Recorda-te que foram nossas culpas
que fizeram com que o próprio Deus
se revestisse de carne humana
em teu claustro virginal.

Ó Virgem, quantas lágrimas verti,
a quanta lisonja e súplicas recorri,
apenas para minha aflição e pena!

Desde meu nascimento, às margens do Arno.
buscando ora aqui, ora noutra parte,
minha existência só foi fadiga.

Mortal beleza e palavras vãs
perturbaram-me a alma.

Ó Virgem Sagrada, de incomparável cortesia,
não demores!
Este é, talvez, o último ano
de minha vida.
Meus dias velozes, como uma seta,
voaram, e voam, entre padecimentos e culpas!
Só a morte me aguarda.

Alguém, ó Virgem, ao morrer,
estraçalhou meu coração,
que a vida orvalhou de pranto,
sem conhecer, no entanto,
um só de meus males!
Mas ainda que os conhecesse,
de nada me teria valido
tivesse ela tido outra vontade,
a qual seria, para mim, morte,
e, para ela, desonra!

Tu, Senhora dos Céus,
tu, nossa *deusa*
– se fosse possível chamar-te assim –,
tu, que conheces o que não conhecemos,
e vês tudo:
uma vez que está na tua mão
o que não está ao alcance de mão alguma:
acaba com minha dor!
Seja isso, para ti, honra
e, para mim, salvação.

Virgem, em quem está toda a minha esperança,
tu podes auxiliar-me
na pior das amarguras:
não me abandones no momento final!

Não olhes para mim,
mas para Aquele que me criou,
não para o que valho,
mas para a imagem do Criador
que Ele moldou em mim.
Que esta imagem e semelhança
te leve a te interessares por mim,
por um homem tão vil!

Medusa, e meus erros,
me transformaram numa pedra insensível!

Ó Virgem, faze que meu coração
se inunde de piedosas lágrimas!
Que, ao menos, meu último pranto
seja devoto, e sem mistura de lodo terrestre,
como o foi meu primeiro pranto,
insano e frívolo.

Virgem humana,
inimiga de todo orgulho,
comova-te nossa comum origem:
compadece-te de um coração
contrito e humilde.

Se eu já pude, com tamanha confiança,
amar um punhado de terra volúvel,
o que não farei por ti,
excelsa Senhora?

Se, de meu estado mísero e vil,
ressurgir por tua mão,
consagrarei a teu nome
meus pensamentos, meu engenho e arte,
minha língua, meu coração,
meus ais, meus suspiros.
Mostra-me o melhor caminho,
e considera meus bons desejos.

O dia declina.

Já não pode estar longe
o dia de minha partida.

Ó Virgem única e singular,
meu coração, agora atormentado
pelo medo da morte,
consciente de seus delitos,
suplica, por tua intercessão, ao teu Filho,
verdadeiro Deus e verdadeiro Homem.
Que Ele acolha, na sua paz,
meu último suspiro![29]

50. GÓMEZ MANRIQUE (1412-1490)

CANÇÃO À CONCEIÇÃO DE NOSSA SENHORA

Entre todas escolhida
foste, Bem-Aventurada,
em tal noite concebida,
e, antes que o mundo, criada.

Só Tu foste, desde o eterno
pela vontade decidida
do Pai pra mãe escolhida
do que libertou do inferno

a perdida humanidade
com seu sangue derramado,
redimindo-a do pecado
de Eva, e de sua falsidade.

Antes que a terra existisse,
a Providência Divina
te gerou por medicina
do mal em que se caísse,

---

[29] In: GALLON, Dario. *Le Più Belle Preghiere allá Madonna.* p.134-138.

sua infinda potestade
escolhendo para morada
tua inteira virgindade,
em nenhum instante violada.³⁰

51. JACOPO SANNAZARO (1458-1530)
DE PARTU VIRGINIS

Eis aí a mãe, não mais mãe! Imersa na dor e na desolação,
imagem desditosa, sombra afligida e desfalecente
ao pé da Cruz, pálpebras baixadas,
cabelos revoltos!
Está chorosa, e banha seu peito numa torrente de lágrimas.
Se me é permitido falar de coisas tão altas,
direi que ela, olhando as luzes eclipsadas
de seu Filho em agonia,
chama a terra de cruel, e chama de cruéis
as estrelas, e a si mesma
(visto que ela própria lhe está contemplando as chagas).

Não vacila em chamar-se assim! Estremecendo o ar
com sua melancólica lamentação,
cobre de beijos a madeira duríssima da Cruz:
"Filho, por que me fizeste cair, a mim, mísera,
de altura tão considerável,
lançando-me numa tempestade tão súbita, por quê?
Força do Pai, sangue do meu sangue, donde
saiu tempestade tão feroz? Que lâmina, ó Filho,
te separou de minha carne?

---

³⁰ Tradução de José Bento, com leves alterações de A.T.

Que mão sujou de sangue o teu rosto inocente?
A quem foi permitido tanto contra seu Criador?
A quem guerra tão ímpia contra o céu?
Depois de tantas amarguras, abandonada,
depois do desastre de tua vida, execrada,
mergulhada no infortúnio,
como poderei olhar para ti?
Não és, acaso, a única luz de tua mãe?

Tu, a paz, o repouso, a derradeira esperança
de minha alma,
foste reduzido a isso? Então me deixas sozinha,
e sem vida?

Ó dor! Para o seu irmão morto, as irmãs,
e, para os filhos mortos, os pais,
tantas vezes oraram a ti!

Mas eu, por meu Filho, por ti, meu Senhor e meu Deus,
como orar? Para onde voltar meu triste seio?
A quem hei de queixar-me?
Oh, destruí-me, mãos funestas!

Ou então, se existe piedade, esmagai-me
com vossas armas cruéis, fazei desabar sobre mim
a cólera de vossos corações!

Ou tu, se os homens têm tanto valor para ti,
arrasta contigo tua mãe,
que te implora tal favor! Conduz-me, Filho,
às sombras do Styx!

Que eu mesma te siga, ao longo desses sítios cruéis,
e nesses reinos, tão fúnebres aos vivos,
te possa ver romper as portas de bronze!

Sim, então com mão maternal,
enxugarei o suor
do Vencedor do Erebo!"

52. FREI LUÍS DE LEÓN (I)
(1537-1591)

Rutilante luzeiro da aurora,
sol pleno, mais formoso que o sol claro,
tesouro onde a vida se entesoura,
escudo forte, inexpugnável amparo,
Santa – a que no mais alto Céu mora –,
perfeitíssima dama de amor raro:
louvem-te, com casto e santo zelo,
a terra, o mar, o vento, o fogo, os céus.

Espelho cristalino de donzelas,
espelho – mereceste-o ser de Deus! –
espelho que obscurece as estrelas,
espelho que trouxeste a Luz ao mundo,
espelho que fazes a vida resplandecer,
espelho que do divino amor se veste,
espelho onde se espelha a consolação
da terra, do mar, do vento, do fogo, dos céus.

Árvore do Paraíso, preciosíssima,
árvore que dá somente frutos de vida,
árvore que atingiu a altura mais radiosa,
árvore na qual o Verbo achou guarida,
árvore amena, sempre verde, umbrosa,
árvore em quem o próprio homem acha guarida,
árvore à qual se acolhem, e de onde voam
a terra, o mar, o vento, o fogo, os céus.

Templo do qual saiu virginal exemplo,
templo onde a virtude tem morada,
templo onde toda a perfeição contemplo,
templo de terra santa, imaculada,
templo e casa de Deus, a mais amada,
templo no qual se guardam todas as joias
da terra, do mar, do vento, do fogo, dos céus!

53. FREI LUÍS DE LEÓN (II)
(1537-1591)

Que me corte o fado
a teia do viver,
e o céu irado,
ó Mãe, redobre minha dor:
esquece-te de mim se eu te esquecer!

Ofereço-me a ti,
e te consagro tudo que me vier.
Sem ti nada mereço
e, enquanto respirar:
esquece-te de mim se eu te esquecer!

Nasci para ser teu,
e viverei, se tal glória preservar.
Recuso-me a ser livre
e, enquanto respirar:
esquece-te de mim se eu te esquecer!

Ofereço-te minha alma
e, enquanto o mar,
furioso, espumejar,
bradarei, pedindo-te socorro:
esquece-te de mim se eu te esquecer!

54. FREI LUÍS DE LEÓN (III) (1537-1591)

À VIRGEM MARIA

Virgem milagrosa, minha Virgem Maria,
cheia de bondade!
Aos que travam sua batalha ímpia,
aos que turvam o sol deste dia
seja testemunho o mal-estar
que os meus suspiros
difundem em lugares sombrios.

Eu iria, Senhora, com imenso gozo,
até teu trono, se pudesse,
mas, ai de mim, agora
por muito que caminhasse,
não haveria de chegar onde me propusesse.

À alma, vencida
pelo grande amor que lhe causa tua formosura,
perder por ti a vida
é pouco, Virgem Pura,
e estar sem ti lhe traz grande amargura.

Por certo, não me lastimo
de ver-me por tua flecha tão ferido;
deixo-me cativar,
ó Virgem, e rendido,
escolho, como triunfo, ser vencido.

A pena que padeço
é ver-me tanto tempo ausente de ti,
é ver que não mereço
fruir do bem que sente
aquele que te contempla, já presente.

Num instante, num momento,
se me fosse dado ver-te,
teria fim o tormento
de quem por ti perece,
de quem, muito mais que a si, te ama.

Não encontro descanso
em parte alguma onde não te vejo.
Teu rosto, claro e manso,
tua graça, teu rico encanto,
alegram, e acrescentam meu desejo.

Rainha, a ti eu clamo
com ânsias e suspiros, noite e dia.
Com lágrimas te chamo:
socorre a minha alma
com gozo, regozijo, e alegria.

55. LUÍS DE CAMÕES (1524-1580)

Tu, Virgem pura, santa, Ave, Maria,
cheia de graça, Esposa, Filha e Madre,
mais formosa que o sol ao meio-dia,

que vais buscando Esposo, Filho e Padre,
qual cordeira perdida da manada,
sem guarda de pastor, nem cão que ladre;

Vai, Rainha dos Anjos mui amada,
e preciosa pedra adamantina,
de perfeições e graças esmaltada;

vai, estrela do mar, vai, lua divina,
escolhida do Céu; vai, cordeirinha,
branca açucena e rosa matutina;

vai, caminho da glória; vai, pombinha
branca sem fel; bendita entre as mulheres;
vai, Mãe da Lei da Graça, vai asinha

ao Monte Calvário, se ver queres
o teu precioso Filho, antes de morto.
Desconsolada, vai; mas não esperes!

56. LOPE DE VEGA (I) (1562-1635)

Formosa Virgem, se louvar-vos quero
por formosa, por virgem, por prudente,
nobre e humilde, magnânima e valente;
a todas, e em tudo mais, eu vos prefiro.

Vejo Judith, e sua espada rubra;
trespassando de Sísara a fronte
e enfrentando a Jael; Débora eloquente!
E a humilde Ester, prostrada ante Assuero.

Vejo a graça de Abisag, e a doçura
de Abigail, que subjugou um rei,
e de Raquel o cândido fascínio;

porém, igual a vós, ó Virgem bela,
quem conseguiu, além de ser mais pura,
gozo de mãe, e honra de donzela?

57. LOPE DE VEGA (II) (1562-1635)

Pomba celestial, em cujo ninho
envolvido em pobres panos, ao gelo
se abraçou o sol, que mediu, sem ser medido,
a terra, o mar, o ar, o fogo, os céus;
Raquel formosa, de José vendido,
Ester discreta, cujo santo zelo
pela opressão de Amã o privou dos danos,
criada antes do mundo, imensos anos;

coluna de divina fortaleza,
que a fé de Abraão atrás de vós deixastes
e, com vosso Sim, o Unigênito abaixastes;
Virgem que a mortal natureza
sobre os nove coros de Anjos exaltastes,
apesar de Luzbel, que não queria
curvar sua fronte a vossos pés, Maria!

Se somente Deus compreende Vossa Excelência,
e não mortal algum, nem criatura angélica,
e nossa fé em Deus vos diferencia
com ciência segura de que sois sua criatura:
onde haverá, para louvar-vos, ciência,
porta de Ezequiel, intacta e pura?
Louve-vos Deus que vos fez, já que Ele sabe
como Quem em vós coube, o que em vós cabe.

58. LOPE DE VEGA (III) (1562-1635)

À NATIVIDADE DE MARIA

Nasce hoje clara estrela,
tão divina e celestial
que, com ser estrela, é tal
que o mesmo sol nasce dela.

De Ana e Joaquim, oriente
de uma estrela tão divina,
sai sua luz, radiante e digna,
de ser pura eternamente:
a alba mais clara e bela
não lhe pode ser igual
que, com ser estrela, é tal
que o mesmo sol nasce dela.

Não a iguala estrela alguma
de quantas bordam o céu,
porque serve de descanso
aos seus pés a branca lua.
Nasce aqui, mas é tão bela
e tem luz tão celestial
que, com ser estrela, é tal
que o mesmo sol nasce dela.

59. FRANCISCO DE SÁ DE MIRANDA (1485-1558)
CANÇÃO A NOSSA SENHORA

Virgem formosa, que achastes a graça
perdida antes por Eva, onde não chega
o fraco entendimento chegue a fé.
Coitada desta nossa vida cega,
que anda apalpando pela névoa baça,
e busca o que ante si tendo não vê.
Sem saber atinar como, ou por quê,
entrei pelos perigos,
rodeado de i(ni)migos;
por piedade a vós venho, e por mercê.
Vós, que nos destes claro a tanto escuro,
remédio a tanta míngua,
me dareis língua e coração seguro.

Virgem toda sem mágoa, inteira e pura,
sem sombra nem daquela culpa, herdada
por todos nós, (a)té o fim desde o começo
claridade do sol nunca turbada,
santíssima e perfeita criatura,
ante quem de mim fujo e me aborreço:
hei medo a quanto fiz, sei que mereço,
dos meus erros me espanto,
que me aprouveram tanto,
agora à só lembrança desfaleço;
mas lembra-me que vós fizestes
paz entre Deus e nós,
e a quem por vós chamou, sempre a mão destes.

Virgem, seguro porto, amparo e abrigo
às mores tempestades, ah! que tinha
aos ventos esta vida encomendada,
sem olhar já a que parte ia ou vinha,
descuidado de mim e do perigo,
surdo aos conselhos, tudo tendo em nada!
Não vos seja em desprezo esta coitada
alma, que ante vós vem
co'os receios que tem,
de i(ni)migos grandes mal ameaçada;
e que eu tão pecador e errado seja,
vença vossa bondade
minha maldade grande, e assim sobeja.

Virgem, do mar estrela, e neste lago
e nesta noite um faro que nos guia
para o porto, antes claro e certo Norte.
Quem sem vós atinar, quem poderia
abrir somente os olhos, vendo o estrago
que atrás olhando deixa feito a Morte?

Quem me daria proa com que corte
por tão brava tormenta?
De toda parte venta,
de toda espanta o tempo feio e forte;
mas tudo que será? co'a vossa ajuda
névoa de alagoa
que ao vento voa, e num momento a muda.

Virgem perfeita, e do Sacrário santo
porta que Ezequiel cerrada via,
a parte que responde ao Oriente;
Alto silvado, que todo ele ardia
sem ofendido ser tanto nem quanto
e foi tal testemunha ali presente;
velo de Gedeão, divinamente,
e divino sinal
do orvalho celestial,
que tudo o mais enxuto, ele só sente:
Senhora, que podeis, em tal afronta
restituí-me a mim,
antes do fim, que o sol vai-se e transmonta.

Virgem e madre juntamente: quem
tal nunca ouviu? Nem dantes nem depois,
somente em vós então quem o entendeu?
Vós madre e filha, vós esposa sois
Daquele que apertado ao peito tem
vossos braços – o que não pode o Céu!
Na vossa alta humildade se venceu
pó soberbo tirano,
que com inveja e engano
nos fez tão perigosa e longa guerra;
por mulher se causou tal dano nosso;
quem vos restituiu
de vós saiu, Senhora, o preço é vosso.

Virgem, nossa esperança, um alto poço
de vivas águas, que contínuo corre,
em que se matam para sempre as sedes;
não de Nembrot, mas de David a torre,
donde socorro espero ao meu destroço,
assim tão perseguido como vedes;
de entre tão altas, tão grossas paredes,
de ferro carregado,
um coração coitado
chama por vós envolto em bastas redes,
umas sobre outras; porém sinais tenho
de ser do vosso bando,
que a vós bradando por piedade venho.

Virgem do sol vestida, e nos seus raios
claros envolta toda, e das estrelas
coroada, e debaixo dos pés a lua,
são vindas minhas culpas e querelas
sobre mim, tantas! Valei-me aos desmaios;
de muitas que possa ir chorando alguma.
Não me deixaram desculpa nenhuma.
Os meus erros sobejos,
levaram-me os desejos
tantas ocasiões, indo uma a uma;
quem tormenta passou por toda a praia,
com os ventos contrastando,
saia nadando já co'a vida, e saia!

Virgem, horto precioso, alto e defeso,
rico ramo do tronco de Jessé,
que floresceu tão milagrosamente,
custódia preciosíssima da Fé,
que vós só toda tivestes em peso,
tendo um e outro Sol sua luz ausente.
A alma que os seus enganos tarde sente,

altíssima Senhora,
por vós suspira e chora;
ontem menino, sou velho ao presente,
de dia em dia vou-me, de ano em ano,
ao meu fim chegando,
dissimulando a vergonha e o dano.

Virgem andando aqui, já celestial,
e em corpo assim levada ao Céu empíreo,
sem ser vista mais cá de olhos humanos,
certa porta do Céu, dos vales lírio,
que nunca teve nem terá igual,
dada por só remédio a nossos danos
contra os demônios, sejam meridianos,
sejam da noite escura;
esperança segura
tais forças contra tais mestres de enganos,
com vosso esforço por terra e por mar,
não digo eu haver medo,
mas sair ao campo, ledo, e pelejar.

Virgem das virgens, como o tempo voa!
Nossa certa esperança,
por toda a vizinhança
quanto gemido a toda parte soa!
Quantas lágrimas caem mal derramadas!
Mas, posto de giolhos (joelhos),
a vós os olhos, tudo o mais são nadas.

60. PEDRO CALDERÓN DE LA BARCA (1600-1681)

Se afino o instrumento de meus lábios
para cantar-vos, Virgem graciosa,
obra de Deus, tão única e ditosa
que só vós, de vós mesma, sois exemplo,

emudece minha voz, porque contemplo
a Mãe de Deus, a Filha gloriosa
do Pai, do Espírito Santo Esposa,
dos Três sacrário, nobre claustro, e templo.

Toda a Trindade vos aperfeiçoa
tanto que, se nos Três pudesse haver
Quarta Pessoa, universal pessoa,

vossa deidade essa pessoa fora.
Já que Deus não podia fazer tal,
depois Dele, vos fez única e primeira.

61. SÃO AFONSO MARIA DE LIGUORI (1696-1787)

Referem muitos autores que os Apóstolos.
e também uma parte dos discípulos,
vieram das diversas partes, onde estavam dispersos,
reunindo-se no quarto de Maria,
antes de sua morte.

Vendo-os reunidos na sua presença,
Ela começou a falar-lhes assim:

Por amor de vós,
e, para ajudar-vos,
meu Filho me deixou na terra.
Agora, já a santa fé
se acha espalhada, no mundo,
e o fruto da divina semente
se acha crescido.
Por isso, vendo o meu Senhor
que não é por mais tempo necessária
minha presença na terra,
compadeceu-se da saudade que sinto

em estar longe dele.
Quer agora atender ao meu desejo
de deixar esta vida e ir vê-lo.
Ficai, pois, vós a trabalhar
pela sua glória.
Se vos deixo,
não vos deixo com o coração;
comigo levarei
e permanecerá o grande amor que vos tenho.
Vou ao Paraíso rogar por vós.

A esta dolorosa nova,
quem poderá compreender quais fossem
as lágrimas e os lamentos
daqueles santos discípulos,
pensando que em breve tinham de separar-se de sua Mãe?
Então, chorando, todos começaram a dizer:

Então, ó Maria, quereis deixar-nos?
É verdade que esta terra
não é lugar digno e próprio para vós,
nem somos nós dignos de gozar
a companhia da Mãe de Deus.
Mas lembrai-vos que sois a nossa Mãe.
Vós fostes até agora a nossa mestra nas dúvidas,
a nossa consoladora nas angústias,
a nossa fortaleza nas perseguições.
Como quereis agora abandonar-nos,
deixando-nos sós, sem o vosso conforto,
no meio de tantas lutas?
Perdemos já na terra
o nosso Mestre e Pai Jesus,
que subiu aos Céus.
Nós nos consolamos neste intervalo convosco,
nossa amorosíssima Mãe.

Como, pois, quereis, também vós,
deixar-nos órfãos?
Senhora nossa, ou ficai conosco,
ou levai-nos convosco.

— Não, filhos meus,
respondeu com doçura a amorosa Rainha,
Não! O que pedis
não é segundo a vontade de Deus.
Contentai-vos de fazer
o que ele de mim e de vós tem disposto.
Resta-vos ainda trabalhar na terra
pela glória do vosso Redentor,
para completar a vossa eterna coroa.
Deixando-vos, não vos abandono.
Pelo contrário, hei de socorrer-vos
ainda mais com a minha intercessão
Junto de Deus nos céus.
Ficai contentes!
Recomendo-vos a Santa Igreja,
recomendo-vos as almas remidas.
Seja este o derradeiro adeus
e única lembrança que vos deixo.
Fazei-o, se me amais; trabalhai pelas almas
e pela glória de meu Filho.
Porque um dia nos veremos de novo,
reunidos no céu,
para jamais nos separarmos
por toda a eternidade.[31]

---

[31] LIGUORI, Santo Afonso Maria de. *Glórias de Maria Santíssima*. Versão da undécima edição italiana, última revista pelo autor, pelo P. Geraldo Pires de Sousa. 4.ed. brasileira. Petrópolis: Editora Vozes, 1951. p.284-285.

62. DOM ANTÔNIO DE MACEDO COSTA
(1830-1891)

MARIA

Existe um nome que consola a terra
E que desterra da tristeza o véu,
Bem como a aurora, que reluz brilhante,
Que fulgurante surge lá no céu.

Existe um nome que dissipa as dores,
Que aos pecadores quer dizer – perdão;
Como o farol que lá se vê nos mares,
Que indica os lares que buscando vão.

Existe um nome que mil bens derrama,
Que ateia a chama do divino amor.
Como ao orvalho, que das nuvens desce,
A planta cresce, se desdobra a flor.

Jamais debalde o invocou a mente,
Jamais o crente o repetiu em vão.
Jamais ao trono se elevou superno
E que o Eterno lhe dissesse – não!

Prostrai-vos, anjos, aos seus pés divinos
E vossos hinos ofertai conosco;
Um novo canto lhe entoai sonoro
E a terra em coro cantará convosco.

É o nome augusto que no céu imenso
Recebe o incenso que se eleva a Deus,
Maria – é o nome em que Deus resume
Todo o perfume dos amores seus.

63. GERARD MANLEY HOPKINS
(1844-1889)

MAGNIFICAT EM MAIO

Maio é o mês dedicado a Maria,
Se eu me pergunto por que o seria:
Sua festa não é sem razão
Ela se afina com a estação.

Festa das candeias – este é o seu dia,
Mas o seu mês é o Maio de Maria.
Por que ligá-lo assim a ela,
Honrando-a em sua capela?

Será só porque Maio tanto brilha,
Mais que os outros, e isso a maravilha?
    Ou é por nossa facilidade
    De colher flores à vontade?

Pergunte a ela por que se a venera
Nesse mês: "Pois o que é a primavera?"
    Com outra pergunta ela replica,
    "É viço que se comunica".

Carne, lã de tosquia, pelo, pluma,
O mundo-verde e o tordo que se apruma –
    Peito-morango, olho de estrela –
    Seu ninho sobre o nicho dela;

Cachos de frágeis ovos azul-flor,
Dentro, à vida dando forma e calor;
    Tudo se expande: flores, aves.
    Nas leiras, nos vãos e nos vales.

Todas as coisas se alçam, intumescendo,
Maria as vê e vai-se embevecendo
Perante esse mundo auroral
Da natureza maternal.

Em cada coisa a se magnificar
Ela exulta, e então põe-se a recordar
Que, enquanto no seio O guardava
Ela o Senhor magnificava.

Mas ainda há tanto a dizer! Afinal,
A primavera é bênção universal.
Sim, razões sempre as haveria
Pra dedicar Maio a Maria:

Chuvisco de sangue e espuma, a florada
Nas macieiras as deixa iluminadas;
    E em matas e aldeias viceja,
    Em seus véus de prata, a cereja;

Colorindo-se de azul, as campânulas
Banham as margens dos bosques, como lagos;
    E o grito mágico do cuco
    Coroa, aclara e encerra tudo –

Tal êxtase por toda a mãe-terra, isto
a Maria, lembra a espera de Cristo
    Sua alegria e exultação
    No Deus de sua salvação.[32]

---

[32] Tradução de Aíla de Oliveira Gomes. *Poemas de Gerard Manley Hopkins*. São Paulo: Companhia das Letras, 1989. p.97-99.

64. ANTONIO NOBRE (1867-1903)

Ó mística mulher, nascida na Judeia,
fantasma espiritual da legenda cristã!
Imperatriz do Céu, que para além se alteia,
a Nação de que a terra é uma pequena aldeia,
e simples lugarejo a Estrela da Manhã!
Morena aldeã dos arredores de Belém!
Mãe das campinas! Mãe da Lua! Mãe do Oceano!
Ó Mãe de todos nós! Ó Mãe de minha mãe!
(...)
Ideal, por quem a esta hora, em todo o mundo, eu penso,
no Ar se ergue, em espirais, um nevoeiro de incenso,
e desgraçados, aos milhões, batem nos peitos...
Ó Fonte de Bondade! Ó Fonte de meus dias!
Vaso de insigne Devoção! Onda do Mar!
Ogiva ideal! Causa das nossas alegrias!
Ó Choupo Santo! Ó Flor do linho! Ó Nuvem do Ar!
Carne, de Cristo! Cidadela de altos muros!
Santuário da Fé! Lancha de Salvação!
Alma do Mundo! Avó dos séculos futuros!
Fortaleza da Paz! Via-Láctea dos Puros!
(...)
Mulher com vinte séculos de idade
e sempre linda mocidade
pelas ruas do céu passas, cingindo a túnica...
Cesto de Flores, Advogada Nossa!
Álveo de espuma! Cotovia dos Amantes!
Escada de Jacob! Sol da Sabedoria!
Rainha dos Mundos! Pão nosso de cada dia!
(...)
Estrela da Manhã! Saúde dos Enfermos!
Ó Virgem Poderosa! Ó Virgem Clementíssima!
Ó Virgem Sofredora! Ó Virgem Protetora!
Ó Virgem Piedosa! Ó Virgem Perfeitíssima!
Virgem das Virgens! Minha Nossa Senhora!

65. ANTERO DE QUENTAL (1842-1893)

Num sonho todo feito de incerteza,
De noturna e indizível ansiedade,
É que eu vi teu olhar de piedade
E (mais que piedade) de tristeza...

Não era o vulgar brilho da beleza,
Nem o ardor banal da mocidade...
Era outra luz, era outra suavidade,
Que até nem sei se as há na natureza...

Um místico sofrer... uma ventura
Feita só do perdão, só da ternura
E da paz da nossa hora derradeira...

Ó visão, visão triste e piedosa!
Fita-me assim calada, assim chorosa...
E deixa-me sonhar a vida inteira!

SONETO

Em teu louvor, Senhora, estes meus versos,
E a minha Alma aos teus pés para cantar-te;
E os meus olhos mortais, em dor imersos,
Para seguir-te o vulto em toda parte.

Tu que habitas os brancos universos,
Envolve-me de luz para adorar-te,
Pois, evitando os corações perversos,
Todo o meu ser para o teu seio parte.

Que é necessário para que eu resuma
As Sete Dores dos teus olhos calmos?
Fé, Esperança, Caridade, em suma.

Que chegue em breve o passo derradeiro:
Oh, dá-me para o corpo os Sete Palmos;
Para a Alma, que não morre, o Céu inteiro!

66. CONDE AFONSO CELSO (1860-1938)

MINHA NOSSA SENHORA

"Minha Nossa Senhora!", o Povo exclama;
E esta frase, sem dúvida incorreta,
Exprime, da maneira mais completa,
Teu prestígio sem par, que o mundo aclama.

És minha só, minh'alma é que te chama
Para aplacar-lhe a agitação secreta;
Mas és nossa também, pois meiga e reta,
Teu favor sobre todos se derrama.

Minha Nossa Senhora, em teu regaço,
Acolhe compassiva o meu cansaço,
Recebe o coração que em ti se aninha;

Mitiga as dores, o amargor adoça
Do mal de todos nós, Senhora nossa,
Deste sofrer só meu, Senhora minha.

67. PADRE ANTÔNIO TOMAZ (1868-1941)

IMACULADA

Pouca gente haverá que não conheça
Essa Mulher de branco e azul vestindo,
De porte esbelto e de semblante lindo,
Aos ombros solta a cabeleira espessa.

Áurea coroa cinge-lhe a cabeça,
Verte dos olhos um dulçor infindo;
Tem as mãos juntas, como que pedindo
Que a nossa mente nunca mais a esqueça.

Uma torva serpente verde-escura,
De olhos em sangue e boca escancarada,
Rasteja em torno à celestial figura,

Que do réptil sobre a cabeça ascosa,
Num gesto de domínio, tem firmada
Do pé direito a planta cor de rosa.

68. ALPHONSUS DE GUIMARÃES (1870-1921)
DOCE CONSOLAÇÃO DOS INFELIZES

Doce consolação dos infelizes,
Primeiro e último amparo de quem chora,
Oh! dá-me alívio, dá-me cicatrizes
Para estas chagas que te mostro agora.

Dá-me dias de luz, horas felizes,
Toda a inocência das manhãs de outrora:
As colunas de nuvens em que pises
Transformam-se em clarões de fim de aurora.

Tu que és a Rosa branca entre os espinhos,
Estrela no alto-mar e torre forte,
Vem mostrar-me, Senhora, os bons caminhos.

Que ao meditar as tuas Sete Dores,
Eu sinta na minha alma a dor da morte
Dos meus pecados e dos meus terrores.[33]

---

[33] *Obra Completa* (organização e preparo do texto por Alphonsus de Guimarães Filho). Rio de Janeiro: Editora José Aguilar, 1960. p.147-148.

69. CHARLES PÉGUY (1873-1914)
I. HÁ DIAS EM QUE OS PADROEIROS E OS SANTOS...

Há dias em que os padroeiros e os santos não são suficientes (...)
Então, é preciso tomar a coragem com as duas mãos,
dirigir-se diretamente Àquela que está acima de tudo.
Ser ousado. Ao menos uma vez. Dirigir-se atrevidamente
Àquela que é infinitamente bela.
Porque também é infinitamente boa.

Àquela que intercede,
a única que pode falar com autoridade de mãe.

Dirigir-se Àquela que é infinitamente pura.
Porque também é infinitamente doce.

Àquela que é infinitamente nobre
porque também é infinitamente cortês.
Infinitamente acolhedora.
Acolhedora como o sacerdote que, na entrada da igreja,
vai esperar o recém-nascido
no dia de seu batismo,
para o introduzir na casa de Deus.

Àquela que é infinitamente rica
porque também é infinitamente pobre.

Àquela que é infinitamente alta
porque também é infinitamente baixa.

Àquela que é infinitamente grande
porque também é infinitamente pequena.
Infinitamente humilde.
Uma jovem mãe...

Àquela que é infinitamente jovem
porque também é infinitamente mãe.

Àquela que é infinitamente reta
porque também é infinitamente inclinada.

Àquela que é infinitamente alegre
porque também é infinitamente dolorosa.

Setenta e sete *vezes* setenta vezes dolorosa.
Àquela que é infinitamente tocante
porque também é infinitamente tocada.

Àquela que é toda Grandeza e toda Fé
porque também é toda Caridade.

Àquela que é toda Fé e toda Caridade
porque também é toda Esperança.
Felizmente os santos não são ciumentos uns dos outros.
Só faltava isso!
Seria um tanto bizarro.
Juntos, felizmente, não são nada ciumentos da Santa Virgem.
É isso o que se chama de *Comunhão dos Santos*.
Eles sabem bem quem é ela, e como o seu Menino supera o homem
    em pureza.
Ele ganha deles setenta vezes, em pureza e infância.
(...)
É preciso algum dia chegar
Àquela que intercede
depois de Marcela, Germana, Germano,
Genoveva, Pedro, depois dos padroeiros e das padroeiras;
depois da padroeira eterna de Paris.
E, mesmo depois do padroeiro eterno de Roma,
é preciso subir
até Àquela que é mais majestosa

porque também é mais maternal.
Àquela que é infinitamente branca.
Porque também ela é a mãe do Bom Pastor, do Homem
que esperou
(e Ele tinha razão em esperar, uma vez que conseguiu trazer de volta
   a ovelha perdida).

Àquela que é infinitamente celeste
porque também é infinitamente terrestre.

Àquela que é infinitamente eterna
porque também é infinitamente temporal.

Àquela que está infinitamente acima de nós
porque está infinitamente perto de nós.

Àquela que é a mãe e rainha dos anjos
porque também é a mãe e rainha dos homens.
Imperatriz dos infernais pântanos.

Àquela que é Maria
porque é Cheia de Graça.

Àquela que é Cheia de Graça
porque está no meio de nós.

Àquela que está no meio de nós
porque o Senhor está com ela.

Àquela que intercede
Porque é Bendita entre todas as Mulheres.
E porque Jesus, o Fruto de seu ventre, é bendito.

Àquela que é cheia de graça
porque é cheia de graça.

Aquela que é infinitamente rainha
porque é a mais humilde das criaturas.
Porque ela era uma pobre mulher, uma insignificante mulher,
uma pobre judia da Judeia.

Àquela que é infinitamente distante
porque é infinitamente próxima.

Àquela que é a mais alta princesa
porque é a mais humilde mulher.

Àquela que é mais próxima de Deus
porque é a mais próxima dos homens.

Àquela que é a mais agradável a Deus.

Àquela que é cheia de graça,
porque também é cheia de eficácia
e porque é cheia de graça, é cheia de eficácia
(...)
A todas as criaturas falta alguma coisa, e não somente
o não serem o Criador.
Às que são carnais, nós o sabemos, falta-lhes serem puras.
Mas às que são puras, é preciso saber, falta-lhes serem carnais.
Uma só é pura, sendo carnal.
Uma só é carnal, sendo pura.
É por isso que a Santa Virgem não é somente a maior bênção que
    desceu à terra.
Ela é a maior bênção que desceu sobre toda a Criação.
Ela não é somente a primeira entre todas as mulheres,
ela não é somente a primeira entre todas as criaturas,
ela é a criatura única, infinitamente única,
infinitamente rara.
A criatura na sua primeira honra, a criatura na sua plenitude final,
tal como saiu de Deus, na manhã de seu esplendor original.

Rainha dos Céus e Rainha da Terra,
bendita entre todas as mulheres,

agora

e na hora de nossa morte. Amém[34]

II. "ÉCOUTE, MON ENFANT..." (Escuta, minha filha...)

Escuta, minha filha, eu vou te explicar, presta bem atenção,
eu vou te explicar *por que, como, em que,*
a Santa Virgem é uma criatura única, rara,
de uma raridade infinita,
entre todas a mais excelente,
única entre todas as criaturas.
Segue-me bem. Não sei se me compreenderás.

Toda a criação era pura. Segue-me bem.
(Afinal, Jesus foi bem-sucedido, convém não parecer demais difícil,
convém não ser exigente demais
com a vida.
Ele pôde, mesmo assim, juntar, amontoar
esse feixe de santos,
que, ao subir aos céus, ele jogou aos pés de seu Pai).

Não esqueceu as almas dos justos, que Ele tinha
perfumado com as suas virtudes.
Portanto, toda a criação era pura.
Como havia saído, como havia brotado pura, jovem e nova das
mãos de seu Criador.

---

[34] PÉGUY, Charles. *Oeuvres Poétiques Complètes.* Introduction de François Porché. Chronologie de la vie et de l'oeuvre par Pierre Péguy. Notes par Marcel Péguy. Fragmentos de "Le Porche de la Deuxième Vertu". Paris: Bibliothèque de la Pléiade (Gallimard), 1957. p.529-561.

Mas o pecado de Satã seduziu, corrompeu a metade
dos anjos.
E o pecado de Adão seduziu, corrompeu no sangue
a totalidade dos homens.

Disso resultou que não havia mais nada de puro
a não ser a metade dos anjos.
E nada dos homens.
Nem um dos homens
em toda a criação.
Da pureza nativa, da jovem pureza, da pureza
primeira, da pureza criada, da pureza criança,
da pureza da própria criação.

Quando foi criada esta criatura única
Bendita entre todas as mulheres,
infinitamente única, infinitamente rara,
Agora.

Infinitamente agradável a Deus
E na hora de nossa morte. Amém;
a mais excelente entre todas.
Quando, enfim, quando um dia dos tempos foi criada para a
 eternidade,
para a salvação do mundo esta criatura única.
Para ser a Mãe de Deus.
Para ser mulher, e contudo para ser pura.

Escuta-me bem, minha filha, segue-me bem,
é difícil de te explicar.
Como ela é a tal ponto uma criatura única.
Mas segue-me bem.
A todas as criaturas falta alguma coisa.
Não somente nisto que elas não são o Criador,
Deus, o Criador delas.

(Isso está na ordem.
É a própria ordem).
Elas não podem ser o seu próprio Criador.
Mas, além disso, falta-lhes sempre alguma coisa.
Àquelas que são carnais falta precisamente serem puras.
Nós sabemos isso.
Mas àquelas que são puras falta precisamente serem carnais.
É preciso saber isso.

A ela, ao contrário, não falta nada.
Senão verdadeiramente ser o próprio Deus.
Ser o seu Criador.
(Mas isso é a ordem).

Já que, sendo carnal, ela é pura.
E, sendo pura, ela é também carnal.

E é assim que ela não é apenas uma mulher única
entre todas as mulheres,
mas é uma criatura única entre todas as criaturas.

Literalmente a primeira depois de Deus. Depois do Criador.
Logo depois.
Aquela que encontramos descendo, logo que a gente desce de Deus
na celeste hierarquia.

Nesse desastre. Nesse defeito. Nessa falta.
Nesse desastre da metade dos anjos e da totalidade
dos homens, não havia mais nada de carnal que fosse puro.
Da pureza de nascença.
Quando um dia essa mulher nasceu da tribo de Judá
para a salvação do mundo

porque ela era *cheia de graça...*

Quando ela nasceu toda cheia da sua primeira inocência,
tão pura quanto Eva antes do primeiro pecado...
(...)
A todas as criaturas falta alguma coisa, e não
apenas não serem o Criador.
Àquelas que são carnais, nós já sabemos, falta serem puras,
e àquelas que são puras, também o sabemos,
falta serem carnais.
Uma só é pura e carnal.
Uma só é carnal, ao mesmo tempo que é pura.
É por isso que a Santa Virgem não é somente a maior bênção que
    caiu sobre a terra,
mas a maior bênção que desceu sobre a terra.
Mas a maior bênção, na verdade, que desceu
em toda a criação.

Ela não é somente a primeira entre todas as mulheres.

Bendita entre todas as mulheres,

Ela não é somente a primeira entre todas as criaturas;
Ela é uma criatura única, infinitamente única,
infinitamente rara.

Única sem que haja outra que seja ao mesmo tempo carnal e pura.[35]

70. PAUL CLAUDEL (1886-1955)

A VIRGEM AO MEIO-DIA

É meio-dia. Vejo a igreja aberta. É preciso entrar.
Mãe de Jesus Cristo, eu não venho rezar.

---

[35] PÉGUY, Charles. *Oeuvres Poétiques Complètes*. Fragmentos de "Le Porche de la Deuxième Vertu". p.572-573; e 576-577.

Não tenho nada a pedir, nada a oferecer.
Venho aqui, minha Mãe, para vos ver.

Ver, chorar de felicidade, saber somente isto:
que eu sou vosso filho, e que Vós estais aí.

Por um momento só, enquanto tudo está quieto. Meio-dia!
Estar convosco, Maria, neste lugar onde vós estais.

Não dizer nada, contemplar vossa imagem,
deixar o coração cantar sua própria linguagem.

Não dizer nada, apenas cantar, porque o coração está feliz,
um pássaro a derramar, no ar, gorjeios ao acaso.

Porque sois bela, porque sois imaculada,
a Mulher, finalmente, pela Graça restaurada!

Indizivelmente intacta, porque sois Mãe de Jesus Cristo,
que é a verdade entre vossos braços, a única esperança, o único fruto.

Porque vós sois a mulher, o paraíso da ternura esquecida,
cujo olhar encontra o coração, de repente, e faz jorrar lágrimas
    reprimidas.

Porque vós me salvastes, e salvastes a França,
porque ela, como eu, foi para vós essa lembrança.

Porque na hora em que tudo era destruído, aparecestes,
porque, ainda uma vez, vossa graça salvou a França,
porque é meio-dia, agora, e nós existimos no dia de hoje.

Porque vós estais aí para sempre, comigo,

porque sois Maria, e simplesmente existis,
Mãe de Jesus Cristo, nós vos agradecemos!

71. FRANCISCO VILLAESPESA (1887-1936)

SANTA MARIA

Pelos moinhos e pelas granjas,
dando às crianças pão e laranjas,
dizem os velhos da freguesia
que anda, de noite, Santa Maria.

Olor a rosas deixa seus passos.
Reveste-a um manto cheio de estrelas:
se sopra nos ramos, desabrocham flores;
se suspira, a saúdam pássaros cantores.

Sua cabeleira deixa manar orvalho
e os rios se abrem em veredas de prata
para que possa cruzar-lhes o leito,
sem que umedeça os graciosos pés.

Ronda de noite pelas moradas,
recolhendo, ao acaso, o grão dos trigais
e, com as mãos alvejantes de luar,
faz amadurecer nos olivais as azeitonas.

Ao passar, silenciosa, pelos outeiros
roçando no chão a fímbria do manto,
logo se acalmam os cães dos pastores!
Como ela vai triste, como vai solitária!

Os cães têm pena dela, e com os focinhos
procuram lamber-lhe os pés desnudos.
Ela se inclina sobre os moribundos
E, no instante em que dá adeus ao mundo,
recolhe suas almas, e desata voo
rumo ao Paraíso, onde reina seu Filho.

Pelos moinhos e pelas granjas,
dando às crianças pão e laranjas,
dizem os velhos da freguesia
que anda, de noite, Santa Maria.

72. MARIE NOËL (1883-1967)

ACALANTO DA MÃE DE DEUS

Meu Deus, que dormis, muito frágil nos meus braços,
meu Filho, aquecido sobre meu coração que bate:
adoro em minhas mãos, e faço adormecer, pasmada,
a maravilha que Vós, Senhor, me concedestes.

Filhos? Meu Deus, eu não os tinha ainda!
Já que era Virgem, nessa minha condição,
que alegria em flor poderia nascer de mim?
Vós, Todo-Poderoso, me oferecestes o Verbo Eterno.

Que vos darei em troca, eu, sobre quem jorrou
a vossa graça? Ó Deus, sorrio, docemente,
dado que também eu, pequena, limitada,
tinha algo a oferecer-Vos, e Vo-lo ofereci.

Não tínheis, Senhor, boca para falar
às multidões desgarradas deste mundo...
Tua boca inclinou-se para o meu seio,
e eu, querido Filho, fui quem te amamentei.

Não tínheis, Senhor, mãos para curar,
com vossos dedos, os pobres corpos doentes...
Botão fechado, rosa inviolada eu era:
eis a mão, ó Filho, que te ofereci.

Carne, também, não tínheis, para partir,
com vossos filhos, o Pão branco da Ceia.
Eu te dei uma carne, preparada na primavera,
e tu, meu Filho, a quiseste para ti.

Nem morte tinhas, ó Deus! Como a terias,
para salvar o mundo? E a dor, o sofrimento?
Tua morte de homem, numa tarde escurecida,
Filhinho, te foi, por mim, oferecida!

73. MANUEL BANDEIRA (1886-1968)

PRESEPE

Chorava o menino.

Para a mãe, coitada,
Jesus pequenino,
De qualquer maneira
(Mães o sabem...) era
Das entranhas dela
O fruto bendito.
José, seu marido,
Ah, esse aceitava,
Carpinteiro simples,
O que Deus mandava.
Conhecia o filho,
A que vinha neste
Mundo tão bonito,
Tão mal habitado?

Não que ele temesse
O humano flagício:
O fel e o vinagre,
Escárnios, açoites,
O lenho nos ombros,
A lança na ilharga,
A morte na cruz.
Mais do que tudo isso
O amedrontaria
A dor de ser homem,
– Esse bicho estranho
Que dezarrazoa
Muito presumido
De sua razão;
– Esse bicho estranho
Que se agita em vão;
Que tudo deseja
Sabendo que tudo
É o mesmo que nada;
– Esse bicho estranho
Que tortura e que ama;
Que até mata, estúpido,
Ao seu semelhante
No ilusivo intento
De fazer o bem!
Os anjos cantavam
Que o Menino viera
Para redimir
O homem – essa absurda
Imagem de Deus!
Mas o jumentinho,
Tão manso e calado
Naquele inefável
Divino momento,
Ele bem sabia

Que inútil seria
Todo o sofrimento
No Sinédrio, no horto,
Nos cravos da cruz;
Que inútil seria
O fel e o vinagre
Do bestial flagício;
Ele bem sabia
Que seria inútil
O maior milagre;
Que inútil seria
Todo sacrifício...[36]

74. JOANA DE IBARBOROU (1895-1979)

Oh! Se eu pudesse, gloriosa Virgem Maria,
dar-te meu coração, como se dá uma lâmpada!
Eu o extrairia de meu peito vivo
para lavrá-lo, como prata puríssima.

Que glória estar contigo, noite após noite,
e arder por ti, com flamejante chama,
e ouvir-te, docemente, murmurar aos Anjos:
"Ilumina-me, até que a aurora me ilumine!"

Que glória iluminar, ó minha Mãe,
teus breves pés com uma camélia branca!
E ser o óleo que por ti se consome
no ninho vermelho de tua lamparina!

---

[36] BANDEIRA, Manuel. *Estrela da Vida Inteira*. 20.ed. Rio de Janeiro: Record, 1998, p.204-205.

75. JEAN-PAUL SARTRE (1905-1980)

Em dezembro de 1940, o filósofo e romancista francês achava-se num campo de prisioneiros de guerra dos alemães. Entre eles havia sacerdotes católicos que, à proximidade do Natal, tiveram a ideia de comemorá-lo com uma vigília. Sartre, não obstante ser ateu, aceitou a incumbência de escrever um Auto Natalino que sintetizasse os sentimentos do grupo. O filósofo colocou nos lábios de um cego o seguinte texto, que é considerado uma das mais belas páginas sobre o Mistério da Encarnação do Filho de Deus:

"A Virgem está comovida e contempla o menino. O que se deveria escrever a respeito do seu rosto expressa uma ansiosa admiração que se fez presente apenas uma vez em uma face humana. Afinal, Cristo é seu filho, carne de sua carne e fruto de suas entranhas. Trouxe-o no ventre durante nove meses, oferecer-lhe-á o seio, e o seu leite se tornará sangue de Deus. Algumas vezes a tentação é tão forte que a faz esquecer que é Deus. Aperta-o entre os braços e diz: 'Meu menino!'

Em outros momentos, fica tolhida e pensa: 'Eis Deus aqui', e é tomada por um religioso temor por aquele Deus mudo, por aquele menino que incute medo. Todas as mães em algum momento se detiveram assim diante daquele pedaço inquieto da sua carne que é o seu menino, sentindo-se exiladas diante daquela vida que se faz com a sua vida que é habitada por estranhos pensamentos. Mas nenhum filho foi arrancado mais cruel e rapidamente de sua mãe do que este, porque é Deus e supera tudo aquilo que ela poderia imaginar. Penso, no entanto, que existem outros momentos, fugazes e velozes, nos quais ela percebe, ao mesmo tempo, que o Cristo é seu filho, o seu menino, e é Deus. Contempla-o e pensa: 'Este Deus é meu filho. Esta carne divina é a minha carne. De mim foi feito, tem os meus olhos, a forma de sua boca tem a forma da minha, se parece comigo. É Deus, e se parece comigo.' Mulher alguma pôde, jamais, (...) possuir deste jeito o seu Deus somente para si, um Deus menino que se pode tomar nos braços

e cobrir de beijos, um Deus cálido que sorri e respira, um Deus que se pode tocar e que ri.
É num desses momentos que eu haveria de retratar Maria, se eu fosse pintor."[37]

76. PABLO ANTONIO CUADRA (1912-2002)

HINO DAS HORAS
AOS OLHOS DE NOSSA SENHORA

I

Filha de Deus Pai,
Virgem puríssima antes do parto,
em tuas mãos encomendo minha fé
para que a ilumines.

Os olhos de Nossa Senhora eram azuis na Anunciação.
Desde o primeiro amanhecer,
desde as primeiras brisas reunidas,
foi essa a cor escolhida. Era a inocência,
a expectação inefável das criaturas iniciais
pronunciando a cor da Promessa.

Desde a fé das cotovias, ainda antes,
desde as águas,
pairava o Espírito Santo à flor de seus olhos.
Não havia ar, não havia plenilúnio
que, ao pressentir a ternura vindoura, deixasse de adicionar-lhe seu azul.

---

[37] Este texto de Sartre foi publicado em: LAURENTIN, René. *Tutte le Genti mi Diranno Beata*. Bologna: EDB, 1986. p.255-256. Reproduzido por KRIEGER, SCJ, Dom Murilo S.R., in: *Com Maria, a Mãe de Jesus*. 2 ed. São Paulo: Editora Paulinas, 2002, p.291-292.

A rosa náutica e o cristal original dos mares
sustentavam solidões.
Todo o azul do tempo, a voz dos Profetas,
propiciavam-lhe a cor virgem, e milagrosa.
Porque o azul é feliz. E claro.

Ela era anterior às lonjuras,
antecedente e vitoriosa.
Desde sua infância,
todas as horas giravam, reverentes, no círculo
de sua contemplação.
Todas as aves, herdeiras das antigas, voltavam
a reconhecer
a primeira exatidão do ar.

Oh céu para se olhar, *Ave, Maria:*
voo do azul e fé tão transparente
que o Senhor está contigo, e és bendita
entre todas as auroras que aplaudem tuas pupilas!
Veio o Arcanjo graças ao teu olhar límpido,
o colibri voou, e o melro, e a Escritura,
e ondeia um ar amante, que eles cruzam, anunciando
eternos mensageiros.

Neste cântico nós recordamos teu azul.
Recebemos a Luz, e abrimos tua janela
ao vale, ao embaciado vale matinal de nossas lágrimas,
desejando recobrar esse olhar,
essas primeiras águas,
essa certeza azul que os arcanjos atravessam.

Dirigem-nos teus olhos
para onde os querubins, sentados sob teus cílios,
contemplam o silêncio do Peixe no azul tranquilo!

Permite, Senhora, que olhemos com a fé de teu olhar!
Que, de tanto olhar, nossos olhos alcancem tua distância!
Irão bebendo azul,
alçando-se a cumes,
escalando silêncios, encontrando calhandras e anjos
anunciadores,
e em tão subidas alturas, despertando pombas e pombas...

II

Mãe de Deus Filho,
Virgem puríssima no parto,
em tuas mãos encomendo minha esperança
para que a sustentes.

Os olhos de Nossa Senhora eram verdes na Natividade.
Como o cedro que arde nas chamas verdes do Líbano,
como o esguio cipreste que faz palpitar o vento de Sião,
como a palmeira que sobe, e desdobra suas ramagens sobre Cadés,
como a rosa de Jericó.
Como a preciosa oliveira de sangue sacramental
e propiciatório.
Como o cinamomo e o bálsamo,
como o aroma dos mansos vegetais: tal era o teu olhar, a fértil
mirada da terra!
Ó Mãe! Fecunda entre todas as primaveras!
Escuto os bosques musicais, escuto o vento
transportando doces vagidos, prantos tênues de crianças.
Mães luminosas, procissões felizes de ventres florescidos
que transpõem a alameda de teus olhos,
e vão entoando o canto germinal das manhãs.
Deus te saúda, Maria, congregação dos trigais.
Em teus olhos a uva prepara a vindima,
e em teu olhar o Cordeiro pasta sorrisos.

Bendita é a tua pupila tingida de esperança,
bendito é o fruto de teu ventre, Jesus!
Belém é o nome de minha infância, com seus
longínquos elefantes, musgo de montanhas,
estrelas ao alcance da mão.
Quando éramos inocentes, íamos com as ovelhas,
e olhávamos, no olhar de teus olhos, campinas em miniatura.
Cantavam, também, os pinhais. Ah, saudávamos o Infante!
Saudávamos o Menino-Deus, o Príncipe dos Presságios,
o Preferido.
Verdes caminhos que conduziam a Belém!

Recordo os pequenos índios entrando de joelhos,
sob teus olhos sorridentes. Nós brincávamos com o boi.
E um Anjo percorria, voando, tua pupila,
adormecendo-nos com fábulas celestes e violinos.

Entoavas, então, canções de ninar para nós,
e olhavas longinquamente para os dias futuros,
os olhos umedecidos como campos orvalhados.

Este é o olhar por onde o homem regressa `
à sua esperança!

Por aqui partimos, vagando a esmo, entregues a fugitivos sonhos.
Olhávamos desde Belém para outras cidades,
para outras estrelas,
para outras noites distraídas, de plenitude intacta.

Oh, a nostalgia outonal dos teus mirantes verdes!
Tantas janelas inúteis para fazer assomar o canto,
para o melodioso anseio.
Abre teus olhos, ó Mãe da recordação,
olha-me com Belém, quero a minha infância!

III

Esposa de Deus, o Espírito Santo,
Virgem puríssima depois do parto,
em tuas mãos encomendo minha caridade,
para que a inflames.

Os olhos de Nossa Senhora eram negros na Paixão,
negros como lugares incendiados por vastas noites em chamas,
negros sob o amor, que lança inefáveis gemidos,
solitários olhos, vítimas em cinzas de uma incendiada mágoa.

De que remoto pranto baixa tanto desassossego?
Descendem de Abel as águas desse lamento?
Atravessa seus olhos a dor da história
como um rio funeral em prolongada noite.
Eu não sei se a açucena ferida na penumbra,
ou a fatigada pomba que o vento arroja ao deserto,
têm esse tremor de gemido desfeito,
esse punhal impalpável no doloroso cálice de seu alento.
Há, todavia, um filho que morre dentro de seu próprio sangue,
e uma fronte que se curva à dor de sua face.
Tantos beijos guardados para caírem feridos,
para se aninharem em chagas, e tingirem-se de martírio!
Tanto acalanto para ninar sua morte
no pavor de um ritmo gélido e interminável.

Dizei-lhe, vós que passais, vós que tendes perdido
a doçura de um nome onde pousar os lábios,
dizei-lhe se existe dor mais triste que a de seus olhos,
cor mais amarga que o seu obscuro olhar.
Oh, o fundo dos teus olhos, Senhora da morte!
À semelhança de noturnas aves, as trevas assediam
o pálido cadáver que jaz em tuas pupilas!
Quem poderá consolar o silêncio que cinge

os mares de teu nome? Horizontes de ultraje
cercaram as águas tenebrosas da consolação.

Mãe da aflição! Crucificada entranha!
Concedeste a sombras o fruto de teu ventre
com a dor do sangue de todas as mulheres!

Permite que eu me aproxime, com este canto, aos teus olhos,
e encontre essa sombra onde o amor reside,
aqui, junto à Cruz, que se ergue de tuas pupilas!

Ó Eva dolorosa! Corta o fruto da árvore,
a maçã acesa que brota do lado:
tenho o peito faminto! Tenho, também, o peito
aberto pela espada!

77. THOMAS MERTON (1915-1968)
À VIRGEM IMACULADA, NUMA NOITE DE INVERNO

Senhora, desce a noite, e a escuridão
rouba todo o sangue ao ocidente em agonia.
Palpitam já as estrelas, e esfriam-me o coração
gotas de uma música impalpável, frágil como o gelo,
e amarga como a cruz do Ano-Novo.

Onde uma voz no mundo
suplica-te, Senhora, pela paz que tuas mãos guardam?
Num dia de tanto sangue, de tantas feridas,
erguem-se governos atrás de um horizonte de aço,
empunhando armas, inaugurando massacres.

Onde no mundo uma cidade que confia em ti?
Fora, onde os soldados estão acampados, atroam canhões,
e um novo inverno desaba

para selar no gelo nossos anos.
O último trem assobia
fugindo, espantado, deste vale de fazendeiros,
onde os passarinhos morreram.

Como estão brancos os caminhos! Mudos os campos!
já não crescem árvores nos bosques;
e as árvores levantam patíbulos contra astros de olhos afilados.
Oh, nesta terra de homens mortos,
irão matar, de novo, Jesus Cristo?

Senhora, a noite estraçalhou-nos o coração,
e o mundo desmorona.
As vozes paralisam-se na minha garganta seca,
enquanto rezo por um país que não reza,
e caminho, rumo a ti, sobre as águas durante todo o inverno,
neste ano, que tem apetite de mais guerra.

78. CÍNTIO VITTIER (1921)

Senhora: respondeste com um cântico forte
às palavras do Anjo,
que continuam fluindo dos lábios do pó:

*Fez maravilhas com o seu braço,
dispersou os soberbos de coração...*

Na noite do parto, não havia lugar para ti
na estalagem, o lugar dos pobres...

*Derrubou os poderosos de seus tronos
e engrandeceu os humildes.*

Sob a autoridade de César Augusto, e de Quirino,
governador da Síria:

Encheu de bens os famintos,
e despediu os ricos de mãos vazias...

Mais tarde, os ricos
ergueram tua imagem, colorida como um estandarte,
para combater em suas guerras.

É certo que existiram pastores e discípulos, porém aos olhos do povo
ficaste na pedra, na tela, no vitral,
dali esparzindo o íris de tua graça
que nenhuma maldade consegue ofuscar.

Porque dirigiu seu olhar à pequenez de sua serva.

Poderá, acaso, a lama deter a fonte
quando esta borbulha do fundo da terra?

Senhora, ela seguirá fluindo,
das profundezas do teu coração,
não importa que nomes te venham a atribuir...

Maravilhas Ele fez em mim, Santo é o seu Nome!

Ainda que desapareçam todas as tuas imagens,
para se cumprirem as palavras de João, no deserto:

No meio de vós está alguém a quem vós não conheceis,
e as palavras de outro João, o visionário:
Veio para os seus, e os seus não o receberam.

Não o receberam. Ele, porém, veio!
Não o conheceram, mas Ele está aí,
como continuarão a estar, sempre, verdejantes,
as palavras de teu cântico:

Minha alma glorifica o Senhor,
e meu espírito rejubila...

na cruz da vida.

79. AFONSO LOPES VIEIRA (1878-1946)

À SENHORA DO MAR, OU DAS ONDAS
(do Convento de São João de Deus, em Lisboa)

Sobre as águas do mar Aparecida,
na praia as verdes ondas vos puseram;
num caixãozinho assim fostes trazida
por elas, que serenas se fizeram.

E numa velha igreja, que ficava
ao pé da mesma água que vos trouxe,
vossa Imagem serena levantava
os olhos, e sorria muito doce.

Os navegantes que depois partiam,
e pelo bravo mar se aventuravam,
de longe com seus olhos vos seguiam
e suas almas vos encomendavam.

E faziam promessas: – Se a revolta
água não for a nossa sepultura,
hemos de vir, boa Senhora, à volta,
uma vela ofertar da nossa altura.

E na volta, cansados da peleja
dos ventos doidos e dos mares falsos,
cumpriam a promessa, e em vossa igreja
rezavam de joelhos, e descalços.

Vinham, depois de trágicas jornadas
pelos desertos de água ermos e frios,
pôr nesse altar, todas esfarrapadas,
as velas palpitantes dos navios.

Vosso manto livrava dos perigos
do mar, nas noites más, cheias de medos...
E livrava dos ventos inimigos
e de bater, de noite, nos rochedos.

Conserváveis, Senhora, aquelas vidas!
E as esfaimadas naus sem mantimento
que iam das águas brutas impelidas,
a porto iam chegar de salvamento.

Quando os pobres navios naufragavam
e se faziam todos em estilhas,
os náufragos convosco se apegavam,
e vós, de longe, obráveis maravilhas.

Apego-me convosco, donde vou,
deste mar alto cheio de aflições!
Com tanta fé nunca ninguém rezou!
Ergo os meus braços, grito as orações!...

Chamo, e dos brados a minha alma é morta!
Grito, e dos gritos minha voz é rouca!
Linda Senhora, onde é a tua porta?
Voz de perdão, onde é a tua boca?

80. PEDRO HOMEM DE MELO

SALVE, RAINHA

É tudo carne em mim. E até na prece
em mim há não sei quê de vinho e sede.
É carne este poema. Se não, vede
a tentação que nele transparece.

Carne pesada – roxa queimadura
cobrindo-me as feições: boca, nariz...
Deixei de ver o céu de meu país.
Deixei de ouvir as fontes de água pura.

Príncipe fora. Agora sou vampiro.
Durmo algemado em sonho desconexo.
É carne a brisa onde, ávido, respiro.
É carne a força imóvel do meu sexo.

É carne o meu receio ante a agonia;
pavor de, uma vez morto, ir para a terra.
Pior que a fome e do que a peste e a guerra
é carne a lepra, em mim, da poesia.

Ai! meus irmãos! não sermos como a flor
que se desprende, intacta, e o vento leva!
Salve, Rainha! Mãe do pecador!
A vós bradamos: Bálsamo! Frescor!
Nós, degredados filhos de Eva.

81. DOM HELDER CÂMARA (1909-1999)

ACABA DE MORRER

Dizem, Mãe,
que partiu da terra
carregado de manchas
e tu sabes
que nada de manchado
entra no céu.
Refúgio dos pecadores,
o pó no chão é feio e sujo.
Mas lembra ouro
dançando numa réstia de luz.
Depressa, Nossa Senhora,
a poeira que partiu da terra
deve estar chegando aí!

GRATIA PLENA

Teu Filho nasceu
e continuas grávida
– cheia de graça
cheia de Deus.

NIGRA SUM, SED FORMOSA

De tal modo te aproximas de nós
e mergulhas em nosso lodo
– água toldada de nossos sofrimentos,
pântano de nossos pecados –,
que eu te vejo
por dentro

a Imaculada de sempre,
por fora
enegrecida e escura
como a querida Imagem
apanhada na rede
dos pescadores do Paraíba.[38]

82. TROVA INDÍGENA (Amazônia; tupis)

Em uma pia de pedra foi batizado o Menino Deus.
Santa Maria é uma mulher bonita;
o seu filho é como ela;
no alto céu está numa cruz grande
para guardar a nossa alma.[39]

83. DOM MARCOS BARBOSA (OSB) (1915-1977)

(...)
— Vem da terra,
traz o nome do mar,
mas é do céu,
Maria!

— Vem pelos anjos carregada,
levada,
arrancada à terra como um lírio,
plantado vivo...

---

[38] *Nossa Senhora no meu Caminho*. 7.ed. São Paulo: Editora Paulus, 2005. p.7, p.37, p.54.
[39] *Rosa do Mundo.(2001 Poemas para o Futuro)*. 2.ed. Porto: Assírio e Alvim, 2001. p.219.

Se a própria terra não pôde reter a sua filha,
como poderíamos nós retê-la,
ao passar fúlgida e coroada
no nosso meio?

– Oh! Se algo de nós pudesse com ela subir,
como sobe do mar o nome,
da terra o pó!

– Como poderíamos nós subir com ela,
a mais bela
das filhas dos homens?!
A mais bela entre os anjos,
Filha e mãe de Deus.

– Pois o que os céus não podem conter
descansou no seu seio,
o que nutre as aves
alimentou-se do seu leite,
o que governa os astros
obedeceu-lhe ao império.
– Como subiremos nós com ela?
– Como subirá com ela algo de nós?

– A terra não a pôde reter no seu laço,
no seu abraço,
no seu seio.
Ela alçou-se como a fonte em direção do céu
para preceder gloriosa toda carne
um dia ressurgida.[40]

---

[40] Dom Marcos Barbosa. Diálogo da Lua e do Sol na Festa da Assunção (Fragmento). *Poemas do Reino de Deus*. Belo Horizonte: Editora Vigília, 1961, p.54-56.

84. ADÉLIA PRADO (1935-)

ESTAÇÃO DE MAIO

A salvação opera nos abismos.
Na estação indescritível,
o gênio mau da noite me forçava
com saudade e desgosto pelo mundo.
A relva estremecia
Mas não era pra mim,
nem os pássaros da tarde.
Cães, crianças, ladridos,
despossuíam-me.
Então rezei: salva-me, Mãe de Deus,
Antes do tentador com seus enganos.
A senhora está perdida?
Disse o menino,
é por aqui.
Voltei-me
E reconheci as pedras da manhã.[41]

85. ARMINDO TREVISAN (1933-)

ANUNCIAÇÃO

Não te pedirei
que desças ao pé de mim
em minha agonia.

Pedir-te-ei
que te libertes de uma estátua
das catedrais,
e caminhes até um subúrbio,

---

[41] Adélia Prado. *Oráculos de Maio*.

onde te aguardarei
sentado num banco de praça.

Ali
estenderás sobre mim teus olhos
com fragmentos de pedra.

Suplicarei a Deus
que me faça nascer de ti.

APROXIMAÇÃO

És vermelha do riso
de fêmeas
que deixam voar os cabelos
junto ao mar.

És azul como um pensamento
que acorda o coração.

És espiritual
como os olhos dos homens
que se abraçam à vida.

MADONNA

Em mil imagens te vemos,
mas só naquela
em que tens nosso rosto
és bela.

Em mil imagens, teus olhos
cintilam na tempestade.
Mas a tua luz mais nobre
é a dos olhos dos pobres.

Em mil imagens te repartes
com assombro da natureza.
Mas tua pureza
é maior na solidão de uma mulher.

DIÁLOGO COM A SENHORA DA BOA MORTE

– Senhora da Boa Morte,
respondei, por cortesia,

a pergunta que vos faço:
"Será a morte um mistério

que cobre o rosto da vida
como um escuro minério

cobre a luz de um diamante?
Ou, talvez, se iguale à noite,

que torna mais claro o dia?
– Meu filho, a morte é difícil

de explicar à inteligência!
Ninguém, entre vós, explica

a um caranguejo do mar
para onde vai um navio.

Primeiramente, terias
de explicar-lhe o que é um navio.

– Minha Senhora, obrigado!
Continuai a explicação

para que meu coração
saia de sua melancolia!

Podeis dizer-me (se a tanto
não vos desgosta a questão):

Por que Deus que pode tudo
não pôde expulsar a morte

do território da vida?
– Meu filho, não me foi dado

penetrar tanto os desígnios
do Senhor que nos criou.

Posso dar-te, todavia,
migalhas de minha luz.

A morte não existia
quando Deus criou Adão.

Ela veio como castigo
de pais que prevaricaram,

não comendo uma maçã,
mas pretendendo igualar-se

ao seu Pai e Criador.
A morte entrou neste mundo

como cobra desonesta,
e como cobra morrerá

esmagada pelos pés
das Três Virtudes Cardeais.

– Senhora, sois tão gentil
que me animo a prosseguir

no meu interrogatório!
Quando vejo num velório

tantas lágrimas rolando,
indago, também, chorando:

"Por que o Pai de Jesus Cristo
permite a um mísero pai

perder seu filho querido,
e a uma mulher que ama

ficar sem o seu marido?"
– Meu filho, para entender

tais separações no mundo
terás de nadar mais fundo,

onde as águas são mais claras,
embora o fundo não seja.

Às estrelas apetece
espelhar-se nessas águas

mais que num rio tumultuoso.
Sob a casca de noz da morte

(presta atenção ao que eu digo)
dorme a Bela Adormecida

da Vida que Deus prometeu.
– Senhora, quase desisto

de inventar outras questões!
Pareço um pobre jumento

que quer voar céu afora.
Mesmo assim, se permitis,

me atrevo a perguntar ainda:
"Sendo a morte, como é,

uma montanha de dor,
não basta para que Deus

possa perdoar aos homens
todas as culpas que têm?"

– Meu filho, penso que agora
tocaste no calcanhar

de Nosso Senhor, vulnerável
como o do herói Aquiles!

Deus escuta qualquer pedido
que lhe dirija Jesus,

Seu Filho Eterno, que veio
a este mundo, concebido

pelo Espírito em meu seio.
Deus é amor, e não odeia

a menor das criaturas
que chamou do nada ao ser.

Não me é dado garantir-te
que todos se salvem, mas

teu atrevido argumento
pode ajudar a entender

que, no abismo do viver,
pode caber outro Abismo!

Falo do Abismo insondável
de um Pai que ama seu Filho,

e nele, não só aos homens,
mas a todas as criaturas.

– Senhora, eu seria tolo
se quisesse prosseguir!

Alguém me disse que os sábios
têm lábios para falar,

e ouvidos em igual número
para as palavras da boca.

Se quereis, porém, juntar
outra estrela ao vosso céu,

escutai minha derradeira
pergunta de ignorante:

"É verdade que costumais
estender a vossa mão

a quem, sendo vosso devoto,
vos invoca na hora da morte?

– Meu filho, a essa pergunta
dou resposta radical.

Jesus nunca me proibiu
de ser Mãe dos que acreditam

no seu Evangelho e Graça.
Eu os recebi outrora

como filhos ao pé da Cruz.
Sim, estendo minha mão

a todos que nessa hora
me pedem que eu os acompanhe.

Sou mãe, e também irmã
de toda mulher ou homem.

Estenderei sempre a mão
a quem descobriu na vida

que pode em Deus ser feliz,
como Nele feliz eu fui!

NOVA PRECE À COMPADECIDA

De todos os poemas que te exaltam,
ó Mãe de nosso Salvador Jesus,

eu aprecio o que te faz tão próxima
que tenho a impressão de conhecer-te.

A luz, que no teu rosto resplandece,
é luz tão principal, que eu imagino

reencontrá-la, quando eu expirar.
Mas antes, ó Senhora da Alegria,

que gozas do favor do Onipotente,
concede ao sofredor a esperança

de sua ressurreição na Vida Eterna.
Nenhum amor no mundo é como o teu:

a tua misericórdia é como chuva
que cai num campo, ou como o sol fecundo

que faz nascer o grão onde é semeado.
A nossa dor maior, Mulher Feliz,

é ver que a morte chega, e seu sentido
ainda não brilhou em nossa mente!

Dá-nos, ó Virgem, uma graça forte
que vence a dor, e torna a própria morte

um encontro com a Vida – como quando
Deus te elevou aonde o silêncio

é melodioso, e teu olhar acolhe
a mais triste entre todas as mulheres,

o mais desventurado ser humano
que nunca amou, nem mesmo a própria vida.

II PARTE

Nossa Senhora na poesia popular de língua portuguesa

Os conquistadores portugueses influíram notavelmente no nascimento e desenvolvimento do culto mariano no Brasil.

Portugal esteve sob o patrocínio da Virgem. Seu primeiro nome foi *Terra de Santa Maria*.

A tradição lusa nunca deixou de atribuir a vitória de Aljubarrota – quando a independência da nação corria risco – a uma intervenção milagrosa da Virgem: "Foi na véspera da Assunção que teve lugar a Batalha de Aljubarrota.(...) Dom João derrotou (...) os castelhanos e, como tinha prometido a Nossa Senhora construir-lhe um grande templo, caso ganhasse a batalha, e como a Virgem lhe concedeu tamanha graça, imediatamente, e no mesmo sítio, mandou levantar a Igreja de Santa Maria da Vitória". (Hoje Mosteiro da Batalha.)[42]

Escreve Correia d'Oliveira:

> *Viriato não fez pátria.*
> *Nem Sertório... Engano de hora!*
> *– Se Maria inda não era.*
> *Lusitânia como o fora?*

Dessa devoção é prova a abundância de templos, oratórios e ermidas, levantados em Portugal e nas regiões descobertas pelos portugueses. Em 6 de dezembro de 1644, Dom João IV determinou que Nossa Senhora fosse declarada Padroeira do Reino. O mesmo príncipe jurou, em nome de sua dinastia e dos seus vassalos, confessar e defender sempre, até a vida

---

[42] PIRES DE LIMA, J.A. e F.C. *Nossa Senhora em Portugal*. Porto: Editorial Domingos Barreira, s/d., p.48.

sendo necessário, que a Virgem Maria, Mãe de Deus, fora concebida sem pecado original: "E se alguma pessoa – diz a provisão do acontecimento – intentar coisa alguma contra esta nossa promessa, juramento ou vassalagem, por esse mesmo efeito, sendo vassalo, o hemos por não natural e queremos que seja logo lançado fora do Reino, e se for Rei, o que Deus não permita, haja a sua e nossa maldição e não se conte entre os nossos descendentes, esperando que pelo mesmo Deus, que nos deu o Reino e subiu à dignidade real, seja dela abatido e despojado".

A profusão de nomes marianos testemunha o amor dos filhos de Portugal à Mãe do Redentor. Uma das naus, em que veio o primeiro governador-geral do Brasil, Tomé de Souza, chamava-se Conceição. Na cidade do Salvador, ergueram-se de início três igrejas: a do Salvador, a da Ajuda e a da Conceição. Se percorrermos a série dos nomes das povoações, bairros, quintas, lugares, fortes, fortins, veremos como abundam as denominações marianas: Conceição da Barra, Conceição da Serra, do Pará, do Rio Verde, etc.

Em clima tão propício, o folclore devia brotar e florescer.

Servimo-nos, para esta análise, de um estudo de Luís Chaves, publicado na revista *Brotéria* (dezembro de 1948), e de uma colaboração de Maria Dulce Leão: "Nossa Senhora na literatura portuguesa" (Tomo II dos *Études sur la Sainte Vierge sous la direction d'Hubert du Manoir S. J.* Paris, 1949).

A poesia, como o acentua o P. Abílio Martins: "é cor, sim, mas não só cor, é destino, é relevo, é ideia, é sombra, é sonho, é corpo, é alma, é vida". Parece-nos, pois, impossível que a Mãe de Deus, tão estremecida pelo nosso povo, não haja inspirado os nossos trovadores e poetas populares, cujas produções possuem em alto grau as qualidades que acabamos de enumerar.

Torna-se, às vezes, difícil conciliar no verso a correção e a profundidade da doutrina cristã com o *donaire* e a espontaneidade do verso. Se o poeta se mantém apegado em demasia à terminologia teológica, expõe-se ao risco de rimar, ou ritmar, períodos de precisão escolástica, porém de escasso valor literário. Por outro lado, se desfralda as velas aos ventos da inspiração, pode incidir no extremo oposto, na falta de rigor, ou numa espécie de neblina doutrinal. Só os gênios conseguem a síntese.

Por um estranho e gracioso processo de destilação poética, a musa popular chega a formular verdades dogmáticas em termos e imagens de uma simplicidade prodigiosa. Leiamos os seguintes versos, que os autores da coletânea *Nossa Senhora em Portugal* denominam "a mais bela das quadras religiosas do folclore português":

> *No ventre da Virgem-Mãe*
> *Encarnou Divina Graça:*
> *Entrou e saiu por ela*
> *Como o sol pela vidraça.*[43]

Nesses versos acha-se expressa uma das verdades mais sublimes da fé cristã: que a Virgem Maria concebeu e deu à luz o Salvador, conservando sua virgindade. Como a luz do sol penetra no interior de uma casa e dela se retira através do vidro das janelas, sem quebrá-las, Jesus, a "Divina Graça", foi concebido pelo Espírito Santo no interior de uma mulher ilibada, que a Santa Igreja denomina "Casa de Ouro". Desse santuário saiu, sem lhe deslustrar a intangibilidade virginal. A ideia remonta à Antiguidade cristã, sendo de procedência erudita. Cláudio Basto, investigador português, pesquisou tal quadra, e também algumas de suas variantes, entre as quais esta que Tomás Pires encontrou embutida num "Canto do Natal":

> *Assim que o galo cantou*
> *com prazer e alegria,*
> *nasceu o Verbo Divino,*
> *Filho da Virgem Maria.*
> *Entrou e saiu por ela*
> *como o sol pela vidraça;*
> *pariu e ficou donzela*
> *Maria, cheia de graça.*[44]

De acordo com os eruditos, a ideia dessa quadra pode ser rastreada em autores mais antigos, entre os quais o Padre Manuel Bernardes. Na obra

---

[43] PIRES DE LIMA, J. A. e F.C. Porto: Editorial Domingos Barreira, s/d., p.55.
[44] PIRES DE LIMA, J. A e F.C. *Nossa Senhora em Portugal.* p.79.

deste: *Pão Partido em Pequeninos*, lê-se: "Subiu assim como o raio de sol penetra a vidraça sem esta se quebrar, nem abrir, antes ficando mais formosa e resplandecente".[45] Anterior a Bernardes, encontramos uma variante dessa imagem num dos sonetos de Camões:

> *Quem pode livre ser, gentil Senhora,*
> *Vendo-vos com juízo sossegado,*
> *Se o Menino que de olhos é privado*
> *Nas meninas de vossos olhos mora?*
>
> *Ali manda, ali reina, ali namora,*
> *Ali vive das gentes venerado;*
> *Que o vivo lume e o rosto delicado*
> *Imagens são nas quais o Amor se adora.*
>
> *Quem vê que em branca neve nascem rosas*
> *Que fios crespos de ouro vão cercando.*
> *Se por entre esta luz a vista passa,*
>
> *Raios de ouro verá, que as duvidosas*
> *Almas estão no peito traspassando,*
> *Assim como um cristal o Sol traspassa.*[46]

É possível que Camões conhecesse essa imagem dentro de seu contexto religioso.

Ao que parece, a origem remota de tão sugestiva quadra pertence ao século XII. Ficou-nos desse século a bela antífona *Angelus Consilii*, atribuída inicialmente a S. Bernardo de Claraval. Pensa-se hoje que essa antífona tenha sido obra de um monge de Cister. Nela nos deparamos com os seguintes versos:

---

[45] Cit. Ibid. p.80.

[46] Soneto 78. In: CAMÕES, Luís de. *Obra Completa*. Organização, introdução, comentários e anotações do Prof. Antônio Salgado Júnior. Rio de Janeiro: Companhia Aguilar Editora, 1963, p.295.

Como o astro gera o raio,
Ela, Virgem,
gerou seu filho.

Não sofre o astro no seu fulgor,
nem tal Mãe, dando à luz o Filho,
perdeu sua integridade![47]

Outros especialistas fazem remontar tal imagem a Pedro Lombardo, chamado "Mestre das Sentenças", Bispo de Paris.[48]

É curioso registrar que semelhante trova veio para o Brasil. Aqui J. Rodrigues de Carvalho a imprimiu no *Cancioneiro da Morte*.[49] Gustavo Barroso colheu uma variante dela no Nordeste:

Como o sol pela vidraça,
Entra e sai, sem tocar nela,
assim a Virgem Maria
pariu e ficou donzela.[50]

Eis a estrofe original de "Le Miracle de Théophile":

Si comme en la verriere
Entre e reva arriere
Si solaus que n'entame,
Ainsi ne tus virge entière
Quant Diex, qui es cieux ière,
Fist de toi mere et dame.

---

[47] In: CAZENAVE, Michel. *Louanges à la Vierge. Hymnes latines à Marie (IV-XVI sìecle)*. Paris, Imprimerie Nationale, 1996. p. 124-125.

[48] Cf. Ibid. p. 80.

[49] Ibid. p. 80.

[50] *História Ilustrada das Grandes Literaturas*. Vol. II. *Literatura Francesa*. Tradução, prefácio e notas do Prof. Jacinto do Prado Coelho. Lisboa: Estúdios Cor, 1956, p.43. Cit. Ibid. p. 83.

Em francês contemporâneo:

Comme em une verrière
entre et sort la lumière
si solei sans l'entimer.
ainsi tu restas vierge
quand Dieu qui est aux cieux
te rendit mère et dame.[51]

Em tradução no Cancioneiro Popular Português:

Como o Sol pela vidraça
entra e sai sem tocar nela,
assim a Virgem Maria
pariu e ficou donzela.

A imagem do "sol pela vidraça" é devida ao grande poeta Jean Rutebeuf, considerado pelo conhecido historiador da literatura Philippe Van Tieghem "o primeiro representante da 'poesia pessoal' no Ocidente", ou seja, "o primeiro a revelar e pôr na música dos versos não o que há de mais geral na sua alma, mas o que a sua vida oferece de mais particular, confessando a sua inclinação para o vinho e para o jogo, fonte de boa parte dos seus dissabores. Pela primeira vez vemos um homem, não um fora da lei, como Villon, mas um homem como tantos, um artista necessitado. Pela primeira vez, as realidades tristes e simples da vida quotidiana entram na literatura e são julgadas dignas da versificação cuidada, do enobrecimento artístico."

Uma terceira quadra reproduz romanticamente as palavras de Santa Isabel: "bendito o fruto do teu ventre", celebrando a perfeição do filho para mais exaltar-lhe a maternidade:

Não chames amor-perfeito
Uma flor que a terra cria!

---

[51] Jean Dufournet. *Le Miracle de Théophile*. Paris: GF Flammarion, 1987, p.71.

> *Amor perfeito há só um.*
> *Filho da Virgem Maria.*[52]

Os versos que a seguir transcrevemos contêm uma figura tradicional, incluída pela liturgia no Ofício de Nossa Senhora, a da Vara de Jessé, de sabor bíblico, onde não sabemos que mais admirar: se a justeza e graça do tema, se a concisão e limpidez dos versos:

> *Duma flor nasceu a vara,*
> *Da vara nasceu a flor,*
> *Duma flor nasceu Maria,*
> *De Maria, o Redentor.*[53]

Não menos bela e litúrgica é a quadra que recorda o texto do *Cântico dos Cânticos*, aplicado pela Igreja à Maria Santíssima: "Quem é esta que caminha como a aurora quando se levanta..." e a exclamação do Salvador: "Eu sou a luz do mundo":

> *No Natal à meia-noite.*
> *Noite de santa alegria,*
> *Da aurora nasceu o sol,*
> *Nasceu Jesus de Maria.*

A imaginação popular não esqueceu o idílio de Nazaré, onde o Divino Salvador transcorreu trinta anos, a ganhar o pão para si e os seus, na oficina de seu pai adotivo, o modesto carpinteiro José:

> *Nossa Senhora é a rosa.*
> *O seu Menino é o cravo;*
> *São José é o jardineiro*
> *Desse jardim sagrado...*

---

[52] PIRES DE LIMA, J.A. e F. C., em *Nossa Senhora em Portugal*, citam a seguinte variante: "Chamaste amor perfeito/às coisas que a terra cria;/amor perfeito é só Um,/Filho da Virgem Maria". p.109-110.

[53] Ibid. p.19.

Outras quadras aludem a uma prerrogativa especial de Maria: sua Maternidade Espiritual em relação aos homens:

> *Nossa Senhora é mãe,*
> *É mãe de quem a não tem,*
> *Hei de pedir à Senhora*
> *Que seja minha também.*

> *Minha Mãe do Céu, valei-me*
> *Que a da terra já não pode:*
> *A do céu sempre está viva,*
> *A da terra logo morre.*

> *Senhora da Conceição,*
> *Minha Mãe, minha Madrinha:*
> *Deitai-me a vossa bênção.*
> *Que eu inda sou "pequenininha"...*

> *Senhora Mãe, eu queria*
> *O que a minha alma deseja:*
> *As portas do céu abertas*
> *Que nem as portas da igreja!*

O povo dos vilarejos, especialmente, produz versos graciosos, até imprevistos, que exaltam o poder que Deus conferiu à sua Mãe para socorrer os infelizes:

> *Nossa Senhora me disse*
> *que me deitasse e dormisse,*
> *que não tivesse medo a nada,*
> *nem ao bicho da má sombra*
> *que tem a mão furada*
> *e a unha revirada:*
> *que vem Nossa Senhora*
> *e lhe dá uma bofetada.*[54]

---

[54] PIRES DE LIMA, J.A. e F.C. *Nossa Senhora em Portugal.*. No original, o último verso é assim: "e dá-lhe uma bofetada".

De um lirismo ingênuo são os versos do povo referentes a canções de ninar, como esta:

> *Nana, nana, meu menino*
> *que a Mãezinha logo vem!*
> *Foi lavar os teus paninhos*
> *Ao reguinho de Belém...*[55]

Chama, igualmente, a atenção a profusão de invocações à proteção da Virgem para o início do dia:

> *Louvada seja a luz do dia!*
> *Louvado seja quem a cria!*
> *Louvada seja a Virgem Maria!*
> *Louvado seja o Santo deste dia,*
> *que, assim como nos livrou*
> *dos perigos desta noite,*
> *assim nos livre também*
> *dos perigos deste dia.*[56]

Algumas vezes, a sensibilidade popular reveste-se de especial doçura:

> *Chorai olhos, chorai olhos,*
> *que o chorar não é desprezo;*
> *a Virgem também chorou,*
> *quando viu seu Filho preso.*[57]

O nome da Virgem é o mais comum dos nomes femininos em Portugal e no Brasil, índice do apreço em que os fiéis têm o patrocínio da *Estrela do Mar*, que é o que ele significa, segundo opinião atribuída a São Jerônimo:

---

[55] Ibid, p.26.
[56] PIRES DE LIMA, J.A. e F.C. *Nossa Senhora em Portugal*. p.28.
[57] Ibid, p.60.

> *A rosa para ser rosa*
> *Deve ser de Alexandria;*
> *A dama para ser dama*
> *Deve chamar-se Maria.*

A poesia pode ser definida como a transfiguração do trivial, a encantação verbal do que padecemos ou gozamos. Não admira que os versos populares espelhem ânsias e anelos líricos. Uma quadra admirável nesse sentido é a que traduz a preocupação de uma moça das serras pelo noivo, chamado ao quartel, cemitério de muitas afeições campestres:

> *Todos os dias eu rezo*
> *À Senhora do Pilar*
> *Que me tire o meu amor*
> *Da vida de militar.*

Outra, de tocante naturalidade, podia ser a súplica de qualquer alma consciente de sua debilidade:

> *Valha-me Nossa Senhora!*
> *Que linda palavra eu dei:*
> *Nossa Senhora me guarde*
> *Já que eu guardar-me não sei.*[58]

Por vezes, a consciência das próprias culpas inspira ao povo atitudes de autocompaixão, de candidez incomparável:

> *Nesta igreja entrarei,*
> *água benta tomarei,*
> *com ela me benzerei.*
> *Ó pecado, fica aí,*
> *que eu vou dar conta de mim*
> *à Virgem Nossa Senhora,*
> *que ainda hoje a não vi.*[59]

---

[58] PIRES DE LIMA, J.A. e F.C. *Nossa Senhora em Portugal*. p.105.
[59] Ibid, p.68.

Como coroamento de nossa coletânea, citemos algumas joias colhidas entre as trovas populares por dois famosos poetas portugueses: José Régio e Alberto de Serpa, reproduzidas em sua antologia *Na Mão de Deus* (Lisboa: Portugália Editora, 1958).

Comecemos por transcrever um primoroso acalanto:

Estava Maria
À beira do rio,
Lavando os paninhos
Do seu bento Filho.

Lavava a Senhora,
José estendia,
Chorava o menino
Com o frio que tinha.

Calai, meu menino,
Calai, meu amor!
Do mundo os pecados
Me cortam de dor...

Os filhos dos homens
Em berço dourado,
E vós, meu menino,
Em palhas deitado!

Em palhas deitado,
Em palhas esquecido...
Filho duma rosa,
Dum cravo nascido!

Os filhos dos homens
Em berço de flores,
E vós, meu menino,
Gemendo com dores!

> *Os filhos dos homens*
> *Em bom travesseiro,*
> *E vós, meu menino,*
> *Preso a um madeiro!*

É impossível não apreciar a comovente *Cantilena da Lua-Nova*:

> *Lua nova, benza-a Deus!*
> *Minha Madrinha é a Mãe de Deus.*
> *Que me fez a cruz na testa,*
> *Que o demônio não me impeça,*
> *Nem de noite, nem de dia,*
> *Nem à hora do meio-dia.*
> *Já os galos cantam, cantam,*
> *Já os Anjos se alevantam,*
> *Já o Senhor subiu à Cruz*
> *Para sempre, amém, Jesus.*

Entre as assim ditas *cantigas*, os organizadores da antologia destacaram algumas transbordantes de finura e delicadeza:

I.
Tu chamas amor perfeito
As coisas que a terra cria;
Amor perfeito há só um,
Filho da Virgem Maria.

II.
Senhora mãe! Eu queria
O que a minha alma deseja:
As portas do céu abertas
Como estão as da igreja.

III.
Amar e saber amar,
Amar e saber a quem:
Amar a Nossa Senhora,
Não amar a mais ninguém.

As composições que citamos até aqui provêm de Portugal. Não conhecemos nenhuma antologia ou coleção de poesias marianas provindas do folclore brasileiro. Damos, a seguir, o pouco que respigamos.

O Padre Serafim Leite, eminente historiador (da Academia Brasileira de Letras, da Academia Portuguesa de História, do Instituto Histórico e Geográfico Brasileiro), num trabalho publicado na revista *Brotéria* (dezembro de 1964), assegura: "A poesia no Brasil nasceu aos pés de Nossa Senhora. Os primeiros exemplares conhecidos são de Jesuítas e o primeiro grande poema escrito no Brasil é o *De Beata Virgine Maria, Mater Dei*, do padre José de Anchieta". O autor oferece-nos uma amostra de poesia popular nos versos que um índio recitou ao padre Marçal Beliarte, Provincial dos Jesuítas, por ocasião da visita deste à aldeia da Conceição de Guaraparim:

Esta vossa pobre Aldeia
de Guaraparim chamada
é deleitosa morada
da Senhora da Galileia
que por sua a tem amada
para nela ser amada
e com toda a devoção
e de todo o coração
ser de todos venerada
sua limpa Conceição.

Uns são velhos moradores
Outros novos do sertão.
Mas todos de coração
Desejam ser amadores
Da Virgem da Conceição.

A seguinte quadrinha, com um leve toque quase de brejeirice, é de Peri Ogibe Rocha:

> *Nunca falo das Marias*
> *Com ares de zombador,*
> *Porque também é Maria*
> *A Mãe de Nosso Senhor.*

Jesus de Miranda escreveu uma estrofe digna de ser popularizada:

> *Nossa Senhora das Graças*
> *é a mesma Mãe de Jesus;*
> *quem quiser as graças dela*
> *não clame ao peso da cruz!*

Dom Augusto Álvaro da Silva, Cardeal-Arcebispo de Salvador, deixou-nos uma pequenina joia, baseada num trocadilho:

> *A paz de Nossa Senhora*
> *toda tristeza desfaz;*
> *portanto, procura agora*
> *Nossa Senhora da Paz.*

Encerramos a presente compilação inserindo aqui duas quadras de nossa lavra. A primeira quer exprimir, embora a imagem seja um pouco chocante, a consoladora verdade de que a Mãe de Deus é a "Onipotência Suplicante". Tão grande é o seu poder que:

> *Lo que Dios puede por si, no lo hace.*
> *Si, preciosa Infanta, a ti no te place!*

Assim diz o poeta espanhol Ambrosio de Montesinos. Os próprios demônios – o que é impossível – obteriam perdão se tivessem a humildade de recorrer ao seu valimento. A segunda enaltece a fidelidade Daquela que foi chamada "Cheia de Graça" pelo embaixador do Eterno e que, pela sua obediência aos planos divinos, foi o princípio de nossa felicidade, como Eva o foi, pela sua desobediência, princípio de nossa desgraça:

Se os diabos tivessem apreço
à Senhora sem labéu.
Deus acabaria incluindo
o inferno dentro do céu...

Nossa culpa, nossa treva
Vem de um engano, diria:
é que Deus criou Eva
antes de criar Maria![60]

---

[60] A primeira versão desse estudo, agora revisado e consideravelmente ampliado, foi publicada no *Jornal do Dia*, de Porto Alegre, RS, em 7 de outubro de 1956.

III PARTE

O *Auto da Compadecida*, de Ariano Suassuna, e suas afinidades com a legenda medieval do Monge Teófilo

I

Se no Brasil fosse realizada uma enquete sobre a peça de teatro nacional que mais divertiu e emocionou o grande público nos últimos 50 anos – ou mesmo nos últimos 100 anos –, possivelmente a resposta seria: o *Auto da Compadecida*.[61]

Traduzida para vários idiomas, com montagens também no exterior, em países como Alemanha, Espanha, Estados Unidos, Finlândia, França, Grécia, Holanda, Israel, Polônia, Portugal, Suíça e República Tcheca, a peça foi objeto de três versões cinematográficas: a primeira, em 1969, dirigida por George Jonas, sob o título *A Compadecida*; a segunda, em 1987: *Os Trapalhões no Auto da Compadecida*, estrelada pelo famoso quarteto cômico, com direção de Roberto Farias; e a última, realizada pelo cineasta Guel Arraes, em 1999, com o título *O Auto da Compadecida*. Esta última versão obteve estrondoso sucesso, sendo transmitida, primeiramente como minissérie, pela Rede Globo de Televisão, em quatro capítulos, em janeiro de 1999. No ano seguinte, chegou aos cinemas numa versão compacta, que ampliou o número de seus admiradores em todo o país.

---

[61] Ariano Suassuna: *Auto da Compadecida*. Edição comemorativa, revista pelo autor. Ilustrações de Manuel Dantas Suassuna. Rio de Janeiro: Agir Editora, 2004.

A versão de Arraes contou com um elenco de atores de grande prestígio, como Fernanda Montenegro (*Nossa Senhora*), Paulo Goulart (*Major Antônio Moraes*), Matheus Nachtergaele (*João Grilo*), e Selton Mello (*Chicó*).

O *Auto da Compadecida* foi considerado pelo crítico Carlos Newton Júnior "um marco indiscutível da moderna dramaturgia brasileira".[62] Sua trajetória de prêmios e distinções principiou em 1957, com a cobiçada Medalha de Ouro da Associação Brasileira de Críticos Teatrais, no Festival de Amadores Nacionais, promovido pela Fundação Brasileira de Teatro.

Na França, a montagem da peça realizou-se no Teatro Odéon, de Paris, em 1971. Foi elogiada pelos grandes jornais do país, de modo especial por *Le Figaro* e *Le Monde*.

No mesmo ano, ao ser apresentada em Zurique, na Suíça, em tradução alemã, conquistou outro sucesso memorável. O mesmo aconteceu em Portugal, no Uruguai, na Argentina e no México.[63]

A peça de Suassuna mereceu ser editada em livro na Holanda, na Polônia, nos Estados Unidos, na Espanha, na França, na Alemanha e na Itália.

II

Donde teria o autor tirado inspiração para essa peça?

"Reza a lenda" – informa-nos Braulio Tavares – que um crítico teatral resolveu consultar Ariano Suassuna a respeito de alguns episódios do *Auto da Compadecida*.

Começou indagando-lhe:

– Como foi que o Sr. teve aquela ideia do gato que defeca dinheiro?

Ariano respondeu:

– Eu achei isso num folheto de cordel.

O crítico insistiu:

– E a história da bexiga de sangue e da musiquinha que ressuscita a pessoa?

Ariano informou:

---

[62] In: Ariano Suassuna: *Auto da Compadecida*. Texto de Carlos Newton Júnior: "*Auto da Compadecida:* 50 Anos". p.199.

[63] Ibidem, p.199.

— Tirei de outro folheto.
O crítico voltou à carga?
— E o cachorro que morre e deixa dinheiro para fazer o enterro?
— Aquilo também – revelou Ariano – é de folheto.
O crítico impacientou-se:
— Então o que foi que o senhor escreveu?
Com modéstia, e um pouco de aprumo, Ariano declarou:
— Eu escrevi a peça.[64]

Em outras palavras, Suassuna não ocultou nenhuma de suas *inspirações*. No início de sua peça, incluiu trechos de três folhetos da literatura de cordel. Vejamos uma boa definição desse gênero literário:

— Para Ariano, o cordel é uma forma de expressão que envolve a literatura, por meio da história contada em versos; a música, pela toada (a solfa utilizada no Sertão para cantar os versos); e as artes plásticas, pelas xilogravuras que ilustram os folhetos. Foi em torno dessas três expressões que ele criou as suas obras mais significativas, sem nos esquecermos do teatro.[65]

Suassuna cita trechos de *O Castigo da Soberba* (de um autor anônimo do romanceiro popular nordestino); de *O Enterro do Cachorro* (outro romance popular anônimo); e da *História do Cavalo que Defecava Dinheiro* (igualmente romance popular anônimo da região).[66]

Devemos ser gratos a Braulio Tavares por trazer-nos informações preciosas sobre outros episódios do *Auto*, que se baseiam, também, em textos da tradição. Talvez o maior mérito de Tavares seja sua definição da *genialidade* do autor:

— Ao usar episódios tradicionais, Suassuna adota a mesma atitude apropriativa dos artistas medievais ou nordestinos. A tradição é um imenso caldeirão de ideias, histórias, imagens, falas, temas e motivos. Todos bebem desse caldo, todos recorrem a ele. Todos trazem a contribuição de um talento individual, mas cada um vê a si próprio como apenas um a

---

[64] Informação fornecida por Braulio Tavares. Ibidem, p.191.
[65] Braulio Tavares: *ABC de Suassuna*. 2.ed. Rio de Janeiro: José Olympio Editora, 2007, p.25.(Os destaques são nossos).
[66] Cf. *Auto da Compadecida*. Edição comemorativa citada. p. 8-9.

mais na linhagem das pessoas que contam e recontam as mesmas histórias, pintam e repintam as mesmas cenas, cantam e recantam os mesmos versos. Histórias, cenas e versos são sempre os mesmos, por força da tradição, mas são sempre outros, por força da visão pessoal de cada artista.[67]

Nenhum dos comentaristas que mencionamos fez referência a uma possível vinculação (ao menos longínqua ou, digamos, ao menos em termos de "raízes ocultas") às afinidades do *Auto da Compadecida* com a célebre legenda da Cristandade sobre o Monge Teófilo.

Consideremos, primeiramente, o que Carlos Newton Júnior e Raimundo Carrero dizem a respeito das convicções religiosas do autor da peça.

Newton Júnior adverte:

– (...) o teatro de Suassuna é um teatro de caráter moralizante, de forte moral católica, um teatro construído a partir de uma visão religiosa do homem e do mundo (...).[68]

O mesmo autor explica:

– Ariano Suassuna não faz no *Auto da Compadecida* nenhuma crítica à religião católica, ou mesmo, arriscaria dizer, à Igreja Católica enquanto instituição. Homem profundamente religioso, protestante de formação e católico por conversão, ocorrida na década de 1950, o autor sabe mais do que ninguém que a Igreja são os seus santos e mártires, não os seus homens. A crítica da peça é dirigida àqueles que, no interior da Igreja, agem de modo exatamente contrário ao estabelecido pelos preceitos cristãos. É uma crítica ao mundanismo na Igreja, e não da Igreja.[69]

Por sua vez, o biógrafo Raimundo Carrero acrescenta:

– Em 1953 surgiram as sementes do *Auto da Compadecida*, peça que tornaria (Suassuna) popular em todo o país. Recriou naquele ano, para o formato de entremez (encenação curta geralmente em tom burlesco apresentada entre os atos de uma peça), *O Castigo da Soberba*, a partir de texto anônimo da tradição popular, utilizado na composição final da peça

---

[67] Braulio Tavares: "Tradição Popular e Recriação no *Auto da Compadecida*". In: *Auto da Compadecida*. Edição comemorativa de 2004, p.193.
[68] Carlos Newton Júnior: "*Auto da Compadecida*: 50 Anos". In: *Auto da Compadecida*. Edição comemorativa de 2004, p.212.
[69] Carlos Newton Júnior. Ibidem, p.211.

consagrada. Em 1955, nessa transição do dramático para o cômico e contando ainda com graves preocupações religiosas, Ariano encontrou a leveza e a perfeita carpintaria teatral para conferir aos personagens de João Grilo e Chicó maior efeito popular (...). As inquietações espirituais equilibram-se para dar lugar a uma bela harmonia entre texto e encenação.[70]

De nossa parte, atrevemo-nos a sugerir que Suassuna, por ser um erudito, talvez conhecesse o *Milagre de Teófilo*. Não esqueçamos que ele foi, durante algum tempo, a partir de 1956, Professor de Estética na Universidade do Recife. Não teria Suassuna lido algo sobre as pesquisas do conhecido medievalista francês Gustave Cohen, cujas obras: *Le Théatre em France au Moyen Âge* (1948) e *La Vie Littéraire en France au Moyen Âge* (1949) o consagraram como um dos descobridores do texto original mais antigo da *Legenda*, o primeiro dos "Milagres" na história?[71]

Ao analisarmos o *Auto da Compadecida*, verificamos que, nos dois primeiros atos da peça, nada aparece da Legenda. Esta, porém, transparece na cena inesquecível do *Julgamento,* o terceiro ato da peça, donde deriva seu sugestivo título, que o autor extraiu, também, de um folheto, do qual citou alguns versos:

> *Diz o Diabo:*
> *– Lá vem a Compadecida!*
> *Mulher que em tudo se mete!*
>
> *Maria contrapõe ao Diabo:*
>
> *– Meu filho, perdoe esta alma,*
> *tenha dela compaixão!*
> *Não se perdoando esta alma,*
> *faz-se é dar mais gosto ao cão:*

---

[70] Raimundo Carrero. "Nota biográfica em forma de exaltação". In: *Auto da Compadecida*. Edição comemorativa de 2004, p.223.

[71] Gustave Cohen. *Le Théatre em France au Moyen Âge*. Paris: Presses Universitaires de France, 1948; *La Vie Littéraire en France au Moyen Âge*. Paris: Éditions Jules Talm, 1949. Desta obra existe uma tradução espanhola: *La Vida Literaria en la Edad Media*. México: Fondo de Cultura Económica, 1958. Tercera reimpresión, 1997.

por isso absolva ela,
lançai a vossa bênção.

Jesus aprova os versos do folheto:

— Pois minha mãe leve a alma,
leve em sua proteção.
Diga às outras que a recebam,
façam com ela união.
Fica feito o seu pedido,
dou a ela a salvação.[72]

Em nosso livro *O Rosto de Cristo*: a formação do imaginário e da arte cristã (Porto Alegre: Editora AGE, 2003), interessamo-nos, particularmente, por essa legenda, dado que foi imortalizada pela Arte Românica e pela Arte Gótica. A primeira, a Arte Românica, deixou-nos um alto-relevo no tímpano da Igreja de Souillac (Sul da França, Église Sainte-Marie, aproximadamente em 1140); a Arte Gótica legou-nos outro alto-relevo no tímpano da Porta do Claustro de Notre-Dame, em Paris, que remonta ao século XIII. Existem, também, vitrais com representações da legenda em Chartres e em Le Mans.[73]

Reproduzimos um trecho de nosso livro:

> *(...) alguns dos mais expressivos hinos à Virgem foram compostos no século anterior à eclosão da Poesia Cortês. Se excetuarmos o hino* Regina Coeli *(que remontaria ao século X), outras três antífonas – das mais belas sob o ponto de vista literário – são do século XI:* Alma Redemptoris Mater *(atribuída a Hermano Conrad de Reichenau, falecido em 1054),* Ave Maris Stella *(autor anônimo) e* Salve Rainha *(atribuída a Adhemar de Monteil, Bispo de Puy, falecido em 1098). Foi justamente no século dos trovadores que dois temas: a misericórdia e a beleza da Virgem começaram a inspirar os poetas e artistas. Até então um único*

---

[72] Ariano Suassuna. *Auto da Compadecida*. Edição comemorativa de 2004, p.8.

[73] Duchet-Suchaux et Michel Pastoureau. *La Bible et les Saints. Guide iconographique.* Nouvelle édition augmentée. Paris: Flammarion. 1994, p.247-248.

milagre fora representado: o do Monge Teófilo, que vendera sua alma ao diabo, de cujas mãos a Virgem arrancara o contrato infamante e condenatório. Eis que surgem, agora, compilações de tais prodígios, que terão importância decisiva para o desenvolvimento das poesias vernáculas, inclusive a de língua portuguesa. Quando o Rei Afonso X (1221-1284), o Sábio, principiou a compor suas Cantigas de Santa Maria, *já Gauthier de Coucy (18177-1236) tinha escrito os seus* Miracles de la Sainte Vierge *e, na Espanha, Gonzalo de Berceo (1180-1247) completara os* Milagros de Nuestra Señora.[74]

Vejamos como o autor do *Milagre de Teófilo* – que Gustave Cohen considera "a joia da literatura dramática religiosa do século XIII" – é apresentado num volume da *História Ilustrada das Grandes Literaturas*, no volume destinado à Literatura Francesa de Philippe Van Tieghem:

Só no fim do século XIII começamos a distinguir entre a massa anônima dos poetas, algumas personalidades. Primeiro Rutebeuf, que escreveu de 1250 a 1285; parisiense pobre, torturado por preocupações materiais, íntegro na sua miséria, piedoso e humilde. Embora hostil às baixezas e abusos da Igreja, patriota, eco convicto dos grandes sentimentos que agitam seus contemporâneos, mostra-se alternadamente gemebundo, violento, irônico e grosseiro. Na história literária, fica sobretudo como o primeiro representante da poesia pessoal. É ele, com efeito, o primeiro a revelar e pôr na música dos versos, não só o que há de mais geral na sua alma, mas o que a sua vida oferece de mais particular, confessando a sua inclinação para o vinho e para o jogo, fonte de boa parte dos seus dissabores. Pela primeira vez, vemos um homem, não, sem dúvida, "fora da lei", como Villon, mas um homem como tantos, um artista necessitado. Pela primeira vez, as realidades tristes e simples da vida cotidiana entram na literatura, e são julgadas dignas de versificação cuidada, do enobrecimento artístico.[75]

---

[74] Armindo Trevisan. *O Rosto de Cristo:* a formação do imaginário e da arte cristã. Porto Alegre: Editora AGE, 2003, p.136.

[75] Philippe Van Tieghem. *História da Literatura Francesa*. Tradução, prefácio e notas do Prof. Dr. Jacinto do Prado Coelho. Lisboa: Estúdios Cor, 1956, p.43.

O Milagre de Teófilo, de Rutebeuf data do terceiro quartel do século XIII:

> *Aí se vê um religioso que, para vingar-se, fizera um pacto com o diabo, arrepender-se e ser finalmente salvo pela Virgem. No seu arrependimento, afirma-se já a qualidade psicológica do teatro francês.*[76]

Esse autor foi:

> *(...) quem nos deixou os primeiros germes do teatro cômico, com os seus diálogos, os seus* flabiaux *dialogados, espécie de* sketches *no gênero de Henri Monnier, mas onde a truculência e o burlesco ocupam lugar de relevo.*[77]

Antes, uma curiosidade: para que tipo de público teria Rutebeuf escrito sua peça?

Os eruditos no-lo explicam: provavelmente para uma Confraria de Devotos da Virgem dependente da Faculdade de Artes da Universidade de Paris.

É significativo o fato de que esse drama tenha sido revivido modernamente pela primeira vez, no dia 7 de maio de 1933, numa sala da Sorbonne, e que seus atores tenham sido todos universitários, alunos do Prof. Cohen.[78]

Eis um resumo da legenda:

No século VI d.C., na Cilícia – região da Turquia atual, situada entre o Mediterrâneo e as Montanhas Taurus –, um monge chamado Teófilo exercia as funções de Arcediago (uma espécie de Vigário-Geral e Tesoureiro) do Bispo da cidade de Aduana. Mesmo sendo uma personalidade autêntica e religiosa, Teófilo estava ansioso por fazer carreira na vida eclesiástica. Devido, porém, a intrigas de colegas, foi destituído pelo Bispo de suas funções, e reduzido, inesperadamente, a uma situação social e econômica extremamente precária.

---

[76] Philippe van Tieghem. Ibid, p.54-55.
[77] Philippe van Tieghem. Ibid, p.54-55.
[78] Gustave Cohen. *La Vida Literaria en la Edad Media*, p.180.

Despeitado e enraivecido, o ex-Arcediago perdeu o controle de si. Para "vingar-se de Deus e de seu Bispo", decidiu consultar um feiticeiro judeu, Salatiel, o qual – segundo se dizia – tinha relações com Satanás. Nesse pormenor os historiadores percebem um indício do antissemitismo da época. Salatiel garantiu a Teófilo que, se renegasse a Deus, recobraria seu título e funções. A condição para isso era vender sua alma ao diabo. Teófilo aceitou a proposta de Salatiel.

Satanás não tardou a aparecer a Teófilo. Tomando-lhe as mãos entre as suas, obrigou o renegado a entregar-lhe a alma. Para ter total garantia dessa entrega, exigiu de Teófilo que assinasse um pergaminho com o próprio sangue.

A partir dessa submissão a Satanás, refere a *Legenda*, Teófilo começou a ser reintegrado nas suas funções, e obteve, até, conforme lhe assegurara o judeu Salatiel, o quádruplo do que possuía.

O idílio com Satanás durou sete anos. Num belo dia, porém, Teófilo sentiu o horror de seu gesto de apostasia. Mas... como fazer para arrepender-se? Lembrou-se, de repente, do tempo em que fora devoto da Mãe de Deus. Impulsionado pela graça de Deus, resolveu recorrer a ela, e o fez numa das mais comovedoras preces poéticas da literatura cristã.

Reproduzimos, com certa liberdade de estilo, alguns versos do lirismo de Rutebeuf, para que se tenha uma ideia de sua grandeza:

Santa e formosa Rainha,
ó gloriosíssima Virgem,
Senhora da qual procedem
os bens da vida e do amor.
Quem vos confia o coração
goza de uma alegria sem fim!
Bela Fonte borbulhante,
água límpida da rocha,
reconduzi-me ao vosso Filho!
(...)
Outrora eu vos venerava,
porém veio o Tentador,
que planeja nossa ruína.

Fiquei por ele enfeitiçado!
Desenfeitiçai-me, Senhora,
já que sois benevolente,
dai-me um novo coração
que vos seja sempre fiel!

Ó Mãe de Misericórdia:
aceitai minha homenagem,
volvei a mim vosso olhar,
cuja luz é como o sol
que entra e sai do cristal
sem o turvar! Assim é
vossa pureza, que vos permite
ser ao mesmo tempo Virgem
e Mãe de Deus! Ó Rainha,
ó Compadecida, livrai-me
de meus pecados e culpas,
Vós que assistis junto ao trono
da Santíssima Trindade.

Diante de tal prece, Nossa Senhora dignou-se a aparecer a Teófilo. Após breve censura à sua apostasia, disse-lhe:

Eu te restituirei o pergaminho
que assinaste com teu sangue
por ignorância e insensatez!

No mesmo instante, a Virgem Maria dirigiu-se a Satanás, impondo-lhe a devolução do pergaminho. Vendo que Satanás recalcitrava em restituí-lo, Maria ameaçou-o usando uma expressão da gíria da época (que o Professor Cohen julgou que, em 1933, faria rir o público):

Se te opuseres a mim, Satanás,
eu vou te furar a pança!

(Ao traduzir o original francês arcaico de Rutebeuf, Jean Dufournet preferiu a seguinte versão:

> *Moi je vais te piétiner la panse.*

Isto é:

> *Eu vou pisar na tua pança!*

Satanás não teve como resistir à intimação da Mãe de Deus. Maria, então, dirigiu-se a Teófilo:

> *Ouve-me, amigo! Procura imediatamente teu Bispo e entrega-lhe o pergaminho, para que o leia perante seu clero e fiéis, na santa igreja. Assim os bons não se deixarão mais enganar pelo demônio. O apego exagerado ao dinheiro conduz a uma felicidade falsa...*

Com humildade e profunda gratidão, Teófilo respondeu-lhe:

> *Senhora, farei tudo o que me dizeis!*

Após receber o pergaminho de Teófilo, o Bispo reuniu seu clero e fiéis, e leu para eles o contrato da venda de sua alma de seu ex-Arcediago a Satanás. Ao fim de breve alocução, convidou os fiéis a orarem:

> Notre-Dame,[79] *Pura e Santa,*
> *socorreu um homem bom,*
> *pervertido pela Serpente,*
> *cuja cabeça ela esmagou!*
> *Cantemos a uma só voz:*
> *graças sejam dadas sempre*
> *ao Pai, ao seu Filho Unigênito,*
> *e ao Espírito Santo! Amém!*

É hora de perguntar-nos: onde podemos identificar, com mais evidência, as afinidades entre *O Milagre de Teófilo* e o *Auto da Compadecida*? Supomos que nos seguintes aspectos, presentes em ambas as peças:

I) Tanto Rutebeuf quanto Suassuna apelam a personagens celestes e a personagens infernais.

---

[79] O título de "Notre-Dame", isto é, de "Nossa Senhora", que o povo cristão deu à Virgem Maria, popularizou-se no século XIII, o século de Rutebeuf.

II) Ao passo que Rutebeuf prefere ater-se à dimensão dramática da alma de Teófilo, que corre um gravíssimo risco de ser condenada ao fogo do inferno, Suassuna prefere outro caminho: antepõe à solução final uma espécie de *divina comédia*, inspirada na literatura de cordel. Prepara sua lição, igualmente dramática – visto que se trata do destino pós-morte de vidas concretas, a do bispo, a do padre, a de João Grilo... Somente Chico ficou livre do Julgamento, como objetou ao Palhaço:

– *Eu escapei. Estava na igreja, rezando pela alma de João Grilo.*

Antes disso, a plateia tivera abundantes oportunidades de rir com uma série de situações cômicas, apresentadas por Suassuna. O próprio autor dá a impressão de gozar de suas *trouvailles*. Numa delas ele ridiculariza a impotência do diabo! Ao contrário de Suassuna, Rutebeuf concentra sua atenção na gravidade teológica da ofensa que Teófilo cometeu contra Deus.

3) Num ponto ambos concordam: em acreditar na "onipotência suplicante" de Maria. Entende-se por essa expressão, consagrada pela tradição, que Maria, por ser "Filha de seu Filho", consoante a expressão de Dante na *Divina Comédia*,[80] por ser Mãe do Verbo *que se fez carne e habitou entre nós,* ela pode tudo. É curioso constatar que tal expressão nasceu contemporânea à *Legenda* de Teófilo, no século VI d.C. Com o transcurso do tempo, ela ganhou foros de "topos teológico", isto é, tornou-se uma invocação aceita por todos, merecendo ser analisada por um conhecido sacerdote espanhol numa das suas questões do *Tratado de la Virgen Santisima*: *Pode o poder de intercessão da Bem-Aventurança da Virgem Maria ser chamado de onipotência suplicante?*[81]

---

[80] Dante Alighieri. *A Divina Comédia*. Tradução de Cristiano Martins. Belo Horizonte: Editora Itatiaia, em convênio com a Editora da Universidade de São Paulo, 1976. *Paraíso*. Canto XXXIII, versos 1-3, p.810; cf. também: *A Divina Comédia*. Tradução de Italo Eugenio Mauro. *Paraíso,* Canto XXXIII, versos 1-3, p.229.

[81] D. Gregorio Alastruey (ex-Reitor da Universidade de Salamanca): *Tratado de la Virgen Santísima*.

Talvez uma das citações mais antigas de tal expressão sejam as palavras de São Germano de Constantinopla, Patriarca da cidade entre 715-730 d.C.: "(...) Eu o sei: em vossa qualidade de Mãe do Altíssimo, tendes poder igual ao vosso querer".[82]

IV) Rutebeuf é mais profundo na apresentação da *psicomaquia*, isto é, do combate entre a alma (agraciada com a vida sobrenatural) e Satanás, seu inimigo perpétuo. Quanto a Suassuna, ele parece divertir-se em realçar a malícia de Satanás, neutralizada pelo antídoto, a malícia boa do nordestino. Este sempre leva vantagem sobre o adversário. Segundo Graciliano Ramos, os sertanejos do Nordeste possuem duas qualidades específicas: *vigor* e *dissimulação*.[83]

V) O objetivo tanto de Rutebeuf como de Suassuna é chegar, mediante a poesia, a uma exaltação da *Misericórdia de Deus*. Ambos os autores coincidem num ponto: "só Deus é bom".[84] A expressão da bondade de Deus vincula-se a duas palavras hebraicas: *Hesed* e *Rahum*. Ambos os vocábulos expressam um atributo reservado unicamente a Iahweh. Somente Iahweh é chamado "Misericordioso". Provavelmente, o termo *Rahum* está relacionado com *Rehem*, que significa *ventre*; portanto, tem conotação de amor maternal. No Talmud Babilônico, Rahmana, isto é, o Misericordioso, serve para designar tanto Deus como a Escritura, a Lei, ou a Palavra de Deus.[85] Suassuna, todavia, é mais condescendente com a fraqueza humana. Esforça-se por demonstrar que ela possui uma dimensão de ignorância. Rutebeuf permanece até o fim cartesianamente severo em relação à culpa.

VI) Todos os leitores, porém, concordam em que tanto Rutebeuf como Suassuna são grandes poetas.

---

[82] P. Artur Schwab, S.V.D. *Orações a Maria*. São Paulo: Edições Loyola, 1987, p.24; cf. *Maria* (a cura della Comunità di Bose). Quarta edição. Milano, Arnoldo Mondadori, 2003, p.313-316.

[83] Graciliano Ramos: *Infância*. São Paulo, Círculo do Livro, sd, p.48.

[84] Evangelho de Mateus 19,17.

[85] Abraham J. Heschel. *O Homem não Está Só*. Tradução de Eduíno Aloysio Royer. São Paulo: Edições Paulinas, 1974, p.154. A nota 30, a que nos referimos no texto, é do tradutor.

O primeiro deles, dentro de uma tradição que vai atingir sua expressão maior com François Villon, o autor sobre o qual um notável historiador da literatura francesa pronunciou o seguinte juízo: "Nenhum escritor francês levou uma vida mais agitada, mais miserável, mais devassa, mais pecaminosa".[86] Rutebeuf (cujo nome significa: *Boi Rude*), apesar de sua tonalidade lírica estoica, é também capaz de nos emocionar, de arrancar-nos algumas lágrimas... Que diremos de Suassuna? Mais próximo do folclore e das exuberantes fantasias da Poesia de Cordel, a qual por vezes invade o território surrealista, produziu uma obra-prima, na qual se mesclam teologia e humor. Talvez seja o caso de dizer que Suassuna não se importa em reconhecer que, dentro do riso mais espontâneo e ruidoso, subjazem lágrimas... O grande dramaturgo nordestino, porém, não se afasta do humor até ao fim de seu Drama-Comédia – eis por que ele pode ser incluído entre os maiores humoristas da literatura mundial.

Um dos pontos altos do *Auto da Compadecida* é o julgamento dos acusados pelo diabo. É interessante ver como Suassuna confere ao seu Cristo afro-brasileiro, a quem denomina Manuel, um toque de delicadeza e ternura. Quando o Encourado, depois da introdução do Palhaço, diz com arrogância:

– *Calem-se todos. Chegou a hora da verdade.*

(e então os acusados tentam justificar-se, a começar pelo bispo). João Grilo faz uma apelação:

– *Que diabo de tribunal é esse que não tem apelação?*

Jesus, o Leão de Judá, o Filho de David, intervém. Faz uma avaliação de cada um dos acusados. Quando o julgamento de Jesus decai para a severidade, o Encourado (isto é, o diabo, que, segundo uma crença do sertão do Nordeste se veste de vaqueiro) tem razão em acusar João Grilo. Para espanto deste, Jesus admite a acusação do diabo:

– *Anote aí negação do livre-arbítrio contra João.*[87]

---

[86] Philipp Van Tieghem. História da Literatura Francesa (incluída na: *História Ilustrada das Grandes Literaturas*. Volume II. Lisboa: Editoral Estúdios Cor, 1956, p.47.

[87] Ariano Suassuna. *Auto da Compadecida*. Edição comemorativa de 2004, p.164.

A satisfação do Encourado, contudo, termina aí. A partir desse momento, o Juiz – Jesus-Manuel – passa a desculpar cada um dos acusados. Ao sentir-se em desvantagem, mesmo com a complacência de Jesus, João Grilo faz outra apelação: recorre à "Mãe da Justiça".

O bispo, surpreendido, intriga-se:

– *E quem é?*

Contrariado, o Encourado ri de nervoso.

Jesus repreende-o duramente:

– *Não ria, porque ela existe.*

A revelação de Jesus acaba com todas as dúvidas. Ele se refere à sua Mãe:

– *A misericórdia!*

Mais uma vez, Suassuna revela-se um dramaturgo genial!

Primeiramente, ele dá relevância a Severino (que no fundo encarna o famoso Lampião), o qual exclama:

– *Foi coisa que nunca conheci. Onde mora? E como chamá-la?*

João Grilo não se contém:

– *Ah isso é comigo. Vou fazer um chamado especial, em verso. Garanto que ela vem, querem ver?*

E passa a recitar:

> *Valha-me Nossa Senhora/ Mãe de Deus de Nazaré!*
> *A vaca mansa dá leite/ a braba dá quando quer.*
> *A mansa dá sossegada/ a braba levanta o pé.*
> *Já fui barco, fui navio, / mas hoje sou escaler.*
> *Já fui menino, fui homem, / só me falta ser mulher.*[88]

Neste momento, surge Maria:

> – *(...) Aquele é o versinho que Canário Pardo escreveu para mim e que eu agradeço. Não deixa de ser uma oração, uma invocação. Tem umas graças, mas isto até a torna alegre e foi coisa de que eu sempre gostei. Quem gosta de tristeza é o diabo.*[89]

---

[88] Idem, ibid, p.158.

[89] Ariano Suassuna. *Auto da Compadecida*, p.158.

Repare o leitor na imensa diferença de lirismo que existe entre Rutebeuf e Suassuna! Rutebeuf nunca abre espaço para gracejos. Suassuna aproveita-se da veia cômico-irônica dos nordestinos para "fazer Teologia" – e da boa!

Por sua parte, Jesus não dá a mínima chance ao Encourado. Diz-lhe, categórico:

– *Eu já sei que você protesta, mas não tenho o que fazer, meu velho. Discordar de minha mãe é que não vou.*

Por fim, Maria – a Compadecida – intervém novamente, com suavidade:

– *Intercedo por esses pobres que não têm ninguém por eles, meu filho. Não os condenes.*[90]

Concluamos nosso cotejo entre o Drama de Rutebeuf e o Drama-Comédia de Suassuna:

Primeira observação: gênios não devem ser confrontados!

Tanto o francês Rutebeuf como o brasileiro Suassuna compuseram obras-primas da literatura de todos os tempos.

É verdade que não podemos esquecer a questão do gosto!

Cada qual, pois, escolha sua delícia.

É legítimo apreciar ambas as delícias: a delícia do primeiro poeta pessoal da literatura francesa, e a delícia não menos saboreável do primeiro dramaturgo internacional da literatura brasileira ou, ao menos, do mais internacional de nossos dramaturgos, Ariano Suassuna.

---

[90] Idem, ibidem, p.162.

REFERÊNCIAS

NOTA: Os poemas incluídos nesta coletânea foram extraídos das seguintes obras:

1) *Livros da Liturgia Católica*: Missais, Antifonários, Lecionários, Livros de Horas.
2) CAZENAVE, Michel. *Louanges à la Vierge*. Paris: Éditions de l'Imprimerie Nationale, 1996.
3) COSTA, João Bénard (coord.). *Os Dias do Senhor*. Lisboa: Livraria Morais Editora, 1960.
4) GALLON, Dario. *Le Più Belle Preghiere alla Madonna*. Milano: Piemme Poket, 2001.
5) CERVANTES-ORTIZ, Leopoldo. *El Salmo Fugitivo. Una Antología de Poesía Religiosa Latinoamericana del Siglo XX*. México: Editorial Aldus-Conaculta-Fonca, 2004.
6) REGAMEY, Pie, OP. *Les Plus Beaux Textes sur la Vierge Marie*. 2.éd. Paris: Éditions du Vieux Colombier, 1949.
7) DEL RIO, Emilio, SJ. *Antología de la Poesía Católica del Siglo XX*. Madrid: A. Vassalo Editor, 1964.
8) SCHNEIDER, P. Pablo, SVD. *La Virgen Maria en la Poesía*. Buenos Aires: Editorial Guadalupe, 1947.
9) RUSCA, Luigi. *Il Breviário dei Laici*. 2.ed. Milano: Rizzoli Editore, 1958.

10) GRAEF, Hilda. *Maria. La Mariología y el Culto Mariano a través de la Historia.* Barcelona: Editorial Herder, 1968.
11) CAROLI, Ernesto (org.). *Fonti Franciscane.* Editio Minor. V Ristampa. Assisi, Movimento Franciscano, 1988.
12) MONTEIRO, Manuel Hermínio (org. geral). *Rosa do Mundo. Poemas para o Futuro.* 2.ed. Lisboa: Assírio e Alvim, 2001.
13) LIMA, J.A. Pires de e F.C. *Nossa Senhora em Portugal.* Porto: Editorial Domingos Barreira, sd.
14) SANTOS, Da Costa (org.). *Nosso Senhor e Nossa Senhora na Poesia Brasileira.* Belo Horizonte: Edições Mantiqueira, 1951.